Richard A. Zarro · Peter Blum

Gekonnt telefonieren durch NLP

So finden Sie den richtigen „Draht"

Mit einem Vorwort von
Vera F. Birkenbihl

mvg

Die Deutsche Bibliothek – CIP-Einheitsaufnahme

Zarro, Richard A.:
Gekonnt telefonieren durch NLP : so finden Sie den richtigen „Draht“ / Richard A. Zarro ; Peter Blum. Mit einem Vorw. von Vera F. Birkenbihl. [Aus dem Amerikan. übertr. von Peter Weller]. – München ; Landsberg am Lech : mvg-verl., 1995
(Business-Training ; 1170)
Einheitssacht.: The phone book <dt.>
Frühere Ausg. u. d. T.: Zarro, Richard A.: Den richtigen Draht finden
ISBN 3-478-81170-8
NE: Blum, Peter ; GT

Aus dem Amerikanischen übertragen von Peter Weller.

Umschlaggestaltung: Gruber & König, Augsburg
Satz: Fotosatz H. Buck, Kumhausen
Druck- und Bindearbeiten: Presse-Druck Augsburg
Printed in Germany 081 170/795602
ISBN 3-478-81170-8

Inhalt

Vorwort von Vera F. Birkenbihl

Von Mark Twain erzählt man sich, daß er einmal viel zu spät auf einer Party in New York erschien, bei welcher er als Ehrengast eingeladen war. Als er dann endlich kam, „entschuldigte“ er sich bei der aufgeregten Gastgeberin mit den Worten: „Es tut mir sehr leid, daß ich so spät gekommen bin, aber ich mußte meiner alten Tante noch den Hals umdrehen, und das dauerte etwas länger, als ich angenommen hatte.“ Worauf die Dame des Hauses entgegnete: „Wie reizend, daß Sie dennoch gekommen sind.“

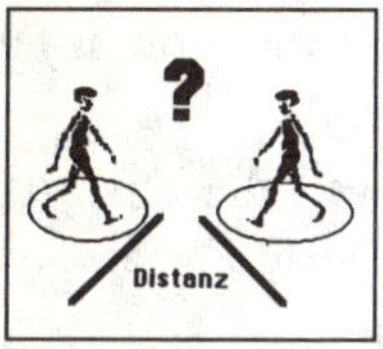

So absurd die Story im ersten Ansatz wirkt, so zeigt sie doch sehr klar, wie „blitzsauber“ man aneinander vorbeireden kann. Warum ist dies so? Stellen wir uns jeden Menschen als in einer unsichtbaren „Insel“ stehend vor und gehen wir davon aus, daß diese „Insel“ alles enthält, was unsere Persönlichkeit ausmacht: alle unsere Erfahrungen, Meinungen, Erziehungsprogramme, Wünsche, Hoffnungen, Ängste usw. Kommunikation fällt dann leicht, wenn sich unsere Inseln überschneiden, *wenn uns also gleiche oder ähnliche Erfahrungen, Meinungen usw.* **VERBINDEN**. Dann brauchen wir den „richtigen Draht“ nicht zu „finden“, denn die Überschneidung garantiert eine ähnliche Weltsicht, Sprache, Zielstellung usw.

Anders sieht es aus, wenn unser/e Gesprächspartner/in die Dinge „anders sieht“ oder andere Ziele verfolgt als wir. Dann kann uns unsere „Insel“ derart „gefangen“-nehmen, daß wir aneinander vorbeireden, d. h., den richtigen Draht zum Gesprächspartner **NICHT** „automatisch“ finden; denn dieser muß jetzt, wie ein Lasso, zur Insel des anderen „geworfen“ werden. Dazu muß ich jedoch bewußt registrieren, „wo“ der/die andere steht und was für ihn/sie wichtig ist. Ich muß mich einlassen auf das geistige Abenteuer, eine **BRÜCKE** zur „Insel“ des anderen bauen, um Differenzen zu „überbrükken“.*

Das fällt uns jedoch um so schwerer, je weniger die Menschen in unserem Umkreis uns regelmäßig vorgemacht haben, wie das geht. Dies veranlaßte Josef Rattner zu folgender Aussage:

„Man darf sarkastisch feststellen, daß der Mensch inzwischen die Distanz zum Monde überwunden hat, er aber immer noch daran scheitert, die Distanz zum Mitmenschen zu überwinden.“

Nun sind wir zwar im Prinzip theoretisch bereit, die Distanz zu überbrücken, aber oft wissen wir nicht, wie wir es angehen sollen.

Genau hier setzt das vorliegende Buch an. Dabei haben die Autoren eine raffinierte Art der Präsentation gewählt: Sie „belehren“ uns nicht (mit erhobenem Zeigefinger), sondern sie erzählen uns eine Geschichte. Indem wir der Story folgen, erleben wir, wie andere lernen, Brücken zum Gegenüber zu bauen. Wenn uns gefällt, wie sie vorgehen, dann identifizieren wir uns, d.h. dann akzeptieren wir sie als „Vorbilder“, denen wir gerne nacheifern wollen.

Leichter und müheloser geht es nicht! Beginnen Sie einfach zu lesen, und lassen Sie sich in die Geschichte „hineinziehen“; denn es ist auch Ihre Story!

---

* Anmerkung des Verlages: Das Inselmodell erklärt Vera F. Birkenbihl ausführlich in: „Erfolgstraining. Schaffen Sie sich Ihre Wirklichkeit selbst!“, erschienen im mvg-verlag, München/Landsberg am Lech.

Einleitung von Josef Weiß

Vor einigen Jahren ist eine neue Zauberformel im Weiterbildungsbereich aufgetaucht. Von manchen noch verkannt, ist das Neurolinguistische Programmieren (NLP) eine Kommunikationsmethode, die sich vor allem durch ihre praktische Anwendbarkeit im Alltag bewährt hat.

John Grinder, Universitätsprofessor für Linguistik, und Richard Bandler, Informatiker, machten sich Mitte der siebziger Jahre daran, das Geheimnis effizienter Kommunikation und erfolgreicher Kommunikatoren zu entschlüsseln. Mittels exakter Sprach- und Verhaltensanalysen untersuchten sie die Arbeitsweisen besonders erfolgreicher Psychotherapeuten. Im einzelnen waren das Fritz Perls (Begründer der Gestalttherapie), Virginia Satir (Familientherapeutin) und Milton Erickson (Hypnotherapeut). Allen dreien gelang es immer wieder, in erstaunlich kurzer Zeit einen sehr guten und intensiven Kontakt zu ihren Klienten zu gewinnen. Bandler und Grinder waren fasziniert von dem persönlichen Zauber, der von diesen Personen ausging, und mit einiger Akribie fanden sie deren persönliche Erfolgsrezepte heraus. So entstand ein ganzheitliches Erklärungsmodell des intra- und interpersonellen Zusammenwirkens von Neurophysiologie, Sprachmustern und Verhaltensprogrammen, das als Neurolinguistisches Programmieren bekannt wurde.

John Grinder und Richard Bandler konzipierten auf diese Weise eine Methode, die in den achtziger Jahren innerhalb der Psychologie zu einem eigenständigen Therapiemodell weiterentwickelt wurde und deren Grundideen und Vorgehensweisen sich mit großem Erfolg auch auf andere Bereiche wie Verkauf, Beratung und Führung übertragen ließen.

Auf beeindruckend spannende Weise beschreibt dieses Buch, wie verblüffend einfach und erfolgreich es ist, NLP in das Telefonmarketing zu transferieren und es auf alle Bereiche der Kommunikation per Telefon anzuwenden – beruflich wie privat. Und das geschieht nicht etwa trocken und lehrbuchmäßig, sondern lebendig und praxisnah. Die Autoren erreichen dies, indem sie die Geschichte von Bob O'Ryan erzählen. Dessen persönliche Erfahrungen beim Telefonverkauf ziehen sich als roter Faden durch das ganze Buch. Auf sehr offene und sympathische Art schildert O'Ryan seine innersten Einstellungen gegenüber seinem Beruf und gegenüber seiner Haupttätigkeit, dem Telefonieren. Eines Tages, eigentlich eher durch Zufall, kommt er in Kontakt mit den Ideen und praktischen Vorgehensweisen des NLP. Sie bilden das Sprungbrett für seine zukünftigen großen beruflichen Erfolge.

Sehr anschaulich und gut lesbar werden die Grundlagen und Anwendungsmöglichkeiten dargestellt, die NLP all denjenigen bietet, die tagtäglich mit dem Telefon zu tun haben. Als Leser finden Sie in diesem Buch mehr als nur Tips und Ratschläge für den Umgang mit Telefonkunden. Hier können Sie nachlesen, wie sich rasch ein guter Draht zu Menschen herstellen läßt und wie bereits in der Stimme des jeweiligen Gesprächspartners dessen persönliche Einstellungen und Gefühle erkennbar werden. Zudem erfahren Sie von Möglichkeiten, im Umgang mit sich selbst die persönliche Ausstrahlungskraft zu optimieren und dadurch den Zugang zu Kunden wirksam zu verbessern.

Während meiner langjährigen Tätigkeit als Trainer und Berater habe ich erlebt, daß die Kenntnis und das Anwenden von NLP-Methoden großen persönlichen Nutzen und Gewinn, nicht nur im beruflichen, sondern auch im privaten Bereich brachte. Von Teilnehmern meiner Seminare, die NLP-Methoden erlernt haben, höre ich unter anderem immer wieder, vieles im beruflichen Alltag mache einfach wieder mehr Spaß. Meiner Erfahrung nach nimmt sich jeder den NLP-Mosaikstein, den er am besten brauchen kann, und transferiert ihn dorthin, wo er am wirksamsten ist. Der Erfolg stellt sich dann wie von alleine ein.

Josef Weiß

Einleitung der Autoren

Lieber Leser,

Sie sind im Begriff eine magische Reise anzutreten. In dieser Geschichte geht es darum, wie ein schlafender Prinz geweckt wird und darum, wie eine aufregende Erfindung seine ganze Welt verändert. Wir hoffen, daß dieses Buch für Sie zum Ausgangspunkt für eine aufregende Entdeckungsfahrt wird.

Das Telefon wird immer für selbstverständlich gehalten. Das Außerordentliche ist heute normal geworden. Wir möchten, daß Sie am Ende dieses Buches das Telefon mit neuen Augen betrachten, es wie zum ersten Mal läuten hören und neue kommunikative Fähigkeiten beherrschen. Mögen Sie immer „den richtigen Draht finden". Wir wünschen Ihnen viel Spaß dabei.

Kapitel 1
Sogar E.T. mußte nach Hause telefonieren – Die Wiederentdeckung der Magie des Telefons

,,Ist alles in Ordnung?"

Als ich die Augen aufschlug, sah ich das freundliche Gesicht eines älteren Mannes über mir. Was hatte ich nur für einen Alptraum gehabt!

Mein Hemd war völlig verschwitzt, und eine Ecke des Kopfkissens steckte in meinem Mund. Ich schaute nach unten und sah, daß meine rechte Hand fest mein linkes Handgelenk umklammerte; das Wecksignal meiner Armbanduhr war losgegangen. Ich war nicht unwesentlich durcheinander.

,,Entschuldigung, ich hatte einen Traum. Hoffentlich habe ich Sie und die anderen Passagiere nicht gestört." Ich richtete mich in meinem Sitz auf und schaute mich in der ersten Klasse des Jumbo-Jets um.

,,Aber nein, wahrscheinlich hat Sie niemand außer mir gehört."

Bis dahin hatte ich meinen Sitznachbarn nicht weiter beachtet. Ich war viel zu sehr mit meinen Problemen beschäftigt und zudem noch sehr erschöpft. Er sah aus wie ein ganz normaler, ein wenig müder Geschäftsreisender, in etwa wie ein etwas älteres Abbild meiner selbst.

,,Ich muß gestehen, Sie haben mich neugierig gemacht. Sie haben einige recht merkwürdige Laute von sich gegeben."

Ich lehnte mich im Sitz zurück und überlegte, wieviel ich diesem Mann erzählen durfte. Ich musterte ihn eingehend aus dem Augenwinkel. Er trug einen maßgeschneiderten Anzug, eine goldene Uhr, die mehr wert war als mein Auto, und einen Ring am Finger, der funkelte wie ein kleiner Stern. Er wandte sich mir immer noch zu, und seine blauen Augen sahen mich so offen und freundlich an, daß ich ihm spontan die Hand reichte.

,,Darf ich mich vorstellen? Ich heiße Bob O'Ryan."

Er nahm meine Hand mit beiden Händen und sagte: ,,Ich freue mich, Sie kennenzulernen, ich bin John Deltone. Nennen Sie mich einfach John." Danach sagte er, es klang fast wie ein nachträglicher Einfall: ,,Sie müssen schon einen schlimmen Traum gehabt haben, Ihre Hand ist ja ganz naß."

,,Ich . . . na ja, Sie mögen es für verrückt halten . . ." Ich legte eine kleine Pause ein und sammelte meine Gedanken, bevor ich weitersprach. ,,Aber ich hatte einen Alptraum, mit einem Telefon in der Hauptrolle. Es hörte nicht auf zu klingeln, und ich war unfähig, den Hörer abzunehmen. Es war einfach fürchterlich."

John Deltone lächelte mich wieder an. ,,So war das also. Der Wecker Ihrer Uhr ging los, und Sie haben sie umklammert, als ginge es um Ihr Leben. Ich verstehe einfach nicht, was an einem klingelnden Telefon so furchterregend ist."

,,Nun, das kann ich nicht genau erklären. Diesen Alptraum habe ich seit Monaten immer wieder. Ich wache dann schweißüberströmt und zitternd auf, und was das Schlimmste ist, wenn ich dann im Lauf des Tages telefonieren muß, bin ich genauso ängstlich und nervös wie im Traum."

,,Wovor haben Sie denn eigentlich Angst?"

,,Haben Sie schon einmal geträumt, Sie müßten fliehen, aber Sie konnten sich einfach nicht bewegen?"

,,Aber sicher."

,,Nun, in meinem Traum sagt mein Gesprächspartner immer wieder: ‚Sind Sie noch da?', und ich kann einfach kein Wort herausbringen. Ich kann es nicht erklären, aber es ist ein Gefühl, als ob ich keine Luft mehr bekomme. Es ist ein richtiger Alptraum."

„Es ist eine Schande, daß Sie eine solche Haltung dem Telefon gegenüber einnehmen." John lehnte sich zurück und sah aus, als sei er in Gedanken verloren. Auch meine Gedanken begannen zu schweifen, ich dachte über die letzten beiden Tage nach. Ich kehrte gerade vom jährlichen Motivationsseminar meiner Firma zurück. Es war die übliche Hetze von Arbeitsessen zu Statistiken, von Vorträgen zu noch mehr Statistiken und Konferenzen über die künftige Unternehmenspolitik gewesen. Ich fühlte mich überhaupt nicht motiviert, und ich glaubte nicht, irgend etwas gelernt zu haben, was mir in meiner Arbeit helfen konnte.

Meine Frau Sheryl und meine beiden Kinder fehlten mir. Wenn ich nicht eine derartige Abneigung gegen das Telefon gehabt hätte, hätte ich vor dem Abflug zu Hause angerufen.

Das einzig Gute an meiner Reise war die Gelegenheit, in der ersten Klasse zu fliegen. Die Fluggesellschaft hatte die Business-Klasse überbucht und mir einen Sitz in der ersten Klasse zugewiesen, wo es eine Stornierung in der letzten Sekunde gegeben hatte. Dieser kleine Zufall war der Auslöser für eine Reihe bemerkenswerter Ereignisse. Ich wäre nie darauf gekommen, daß die Lösung meiner Probleme mit dem Telefon mein Leben so einschneidend verändern würde. Inzwischen bin ich reicher – sowohl materiell als auch spirituell – und zufriedener; ich freue mich nicht nur über meine finanzielle Sicherheit, sondern habe auch inneren Frieden gefunden.

„Wirklich, das Telefon ist eine Wundermaschine", schreckte mich Johns Stimme aus meinen Gedanken. „Ich veranstalte Seminare über Fernkommunikation. In meinem Beruf habe ich mit vielen Menschen Kontakt, die jeden Tag auf das Telefon angewiesen sind. Und wissen Sie was", sagte er mit einem Lächeln, „viele von ihnen hatten dieselben Probleme mit dem Telefon wie Sie."

John sah mich eindringlich an. ,,Aber vielleicht möchten Sie das alles jetzt gar nicht hören . . .“

,,Für Sie ist das Telefon ja anscheinend ein magischer Gegenstand. Ich bin zwar müde, aber meine Neugierde ist größer. Können Sie mir vielleicht einige Geheimnisse über das Telefonieren verraten?“

,,Ich kenne keine besonderen Geheimnisse“, lachte John und betrachtete die Erde, die tief unter uns lag, durch das Fenster. ,,Na gut, vielleicht kenne ich doch *ein paar* Geheimnisse.“ Er wandte sich mir zu, und seine Stimme klang plötzlich leidenschaftlich.

,,Es ist noch nicht allzu lange her, da war die Welt ein einziges großes Geheimnis. Aus erster Hand kannten die Menschen nur ihre direkte Umgebung und ihre nächsten Nachbarn. Nur die großen Entdecker überschritten die bekannten Grenzen ihres Dorfes oder Tals. Nur die tapfersten Krieger zogen hinaus, um sich dem Unbekannten zu stellen. Kaum jemand hatte eine Vorstellung davon, wie groß die Welt tatsächlich ist“, sagte er und zeigte aus dem Fenster.

,,Das ist doch schon etwas, nicht wahr?“ fragte John. ,,Wir sitzen nun hier und reisen in einer Nacht von einem Ende des Kontinents zum anderen.“ Es war wirklich erstaunlich, wenn man es sich nur einmal richtig klarmachte.

,,Selbst in neuerer Zeit, noch vor 150 Jahren, konnten die Menschen noch nicht über große Entfernungen kommunizieren, wenn man von rudimentären Methoden wie Rauchzeichen oder Signaltrommeln einmal absieht. Die Kommunikation war schwierig, manchmal sogar unmöglich. Und dann geschah etwas, was diesen Zustand ein für alle Mal beendet hat.“

,,Sie meinen doch sicher die Erfindung des Telefons, nicht wahr?“

,,Richtig. Aber *Sie* halten das Telefon für etwas Selbstver-

Das Telefon ist
eine Wundermaschine.
Es besitzt magische Fähigkeiten.

ständliches. Das ist auch eine Einstellung. Das Telefon ist aber fabelhaft! Seine Erfindung hat nach und nach die Entstehung eines weltweiten Kommunikationsnetzes ermöglicht. Eine einfache Einrichtung hat unser Leben von Grund auf verändert, und zwar nicht nur die alltäglichsten Kommunikationsabläufe, sondern es hat neuerdings auch die Übertragung von Daten, die Vernetzung von Computern und die Übermittlung von Kopien ermöglicht. Sogar Bildtelefone sind in den Bereich des Möglichen gerückt."

„Bildtelefone wären für mich ideal", unterbrach ich ihn. „Wissen Sie, ich spreche lieber von Angesicht zu Angesicht als über das Telefon mit anderen Menschen. Wahrscheinlich lese ich meinen Gesprächspartnern die Reaktion auf meine Worte vom Gesicht ab. Ich kann so erkennen, ob ich einen Draht zu ihnen habe oder nicht, ob meine Richtung stimmt oder ob ich besser einen anderen Kurs einschlage. Man kann einfach niemanden am Telefon lächeln ‚hören'."

„Aber natürlich ist das möglich", sagte John voller Begeisterung.

Ich ließ die Bemerkung vorerst einfach so im Raum stehen und sprach weiter: „Telefonieren ist so etwas Unpersönliches, besonders wenn man jemanden noch nicht kennt, wissen Sie, der berühmte ‚Sprung ins kalte Wasser'. Da stehe ich nun und weiß nicht einmal, wie der andere aussieht. Ich versuche dann, mir ein Bild von meinem Gegenüber zu machen und habe gleichzeitig Angst, bei einer wichtigen Tätigkeit zu stören. Und das Schlimmste ist, ich muß bei meiner Arbeit so tun, als würden wir uns schon länger kennen, und das ist einfach . . ."

„Telefon-Heuchelei?" warf John ein.

„Das stimmt genau", antwortete ich aufgeregt.

„Bob, um es noch einmal zu sagen, Sie stehen mit Ihrer Angst vor dem Telefon nicht allein da. Es gibt viele Menschen mit Telefonphobien. Bildung und Beruf spielen dabei keine Rolle, das Telefon schüchtert sie einfach ein. Diese Menschen haben das Gefühl, daß das Telefon ein Instrument ist, das man nur schwer in den Griff bekommen kann. Wenn Sie wirklich einen Tip wollen, dann sollten Sie unbedingt diese Einstellung ändern."

Johns nächste Frage traf mich völlig überraschend: „Haben Sie eigentlich Kinder?"

„Ja, meine Tochter ist acht Jahre alt und mein Sohn fünf."

„Gut. Erinnern Sie sich noch an die Zeit, als die beiden zwei oder drei Jahre alt waren? Immer, wenn das Telefon klingelte, wollten sie als erste am Apparat sein, oder etwa nicht?"

„Richtig."

„Und warum? *Weil es Spaß macht!* Kinder halten die Wunder ihrer Umgebung noch nicht für selbstverständlich. Es fasziniert sie einfach, daß Opa oder Oma *im Telefon sein* können. Was glauben Sie – wie können Sie die Ehrfurcht und das kindliche Staunen über die Magie des Telefons für sich wiederentdecken?"

John entdeckte die Stewardeß, die den Gang entlang an uns vorbeiging. „Entschuldigen Sie bitte, mir fällt gerade ein, daß ich noch einige Anrufe machen muß. Es dauert nicht lange, und danach können wir uns weiter unterhalten, wenn Sie wollen. Sind Sie einverstanden?"

Er winkte der Stewardeß: „Könnten Sie mir bitte das Bordtelefon bringen?"

„Aber selbstverständlich."

„Sie müssen sich am Telefon aber wirklich sicher fühlen. Einfach Leute so mitten aus der Luft anzurufen . . ."

„Sie verstehen das noch immer nicht. Für mich ist das keine Pflicht, es ist ein Vergnügen. Kommunikation mit Hilfe des Telefons – und damit meine ich gute Kommunikation – ist eine Kunst. Sie hat ihre großen Meister. Wir alle merken das, wenn wir mit einem von ihnen telefonieren."

Die Stewardeß kam mit dem drahtlosen Telefon zurück. John nahm es auf den Schoß und wählte eine Nummer. Ich glaube, er legte keinen besonderen Wert auf seine Privatsphäre.

„Hallo, Kevin? Hier spricht John. Es war schön bei Ihnen. Ich wollte Ihnen nur für die Möglichkeit danken, in Ihrer Firma einen Vortrag zu halten, und Ihnen sagen, was für eine großartige Mitarbeiterin Mary ist."

Er hörte einen Augenblick zu. „Fähig? Sie ist nicht nur eine fähige Mitarbeiterin, sie kann geradezu Gedanken lesen. Sie hat sich um meine Angelegenheiten gekümmert, bevor ich auch nur auf die Idee kam, sie um etwas zu bitten. Ohne sie wäre ich nur halb so entspannt gewesen. Ich werde Ihnen einen Brief schicken und möchte, daß Sie ihn in Marys Personalakte aufnehmen. Sie ist wirklich ein ganz besonderer Mensch." Er machte eine Pause und hörte seinem Gesprächspartner wieder zu.

„Ja, ich würde wirklich gerne auch für Ihre andere Abteilung arbeiten. Ich muß mal eben einen Blick auf meinen Terminkalender werfen." Er zog einen kleinen Terminkalender aus seinem Aktenkoffer und blätterte ihn beim Sprechen durch. „Ja, an dem Wochenende habe ich Zeit. Ich melde mich sofort bei Ihnen und gebe Ihnen eine Bestätigung, wenn ich in meinem Büro angekommen bin. In Ordnung, Kevin, und vielen Dank. Alles Gute, und viele Grüße an Ihre Frau."

John legte auf und atmete einmal tief durch, bevor er die nächste Nummer wählte. „Hallo, Liebling, ich bin's. Ja, der Flug verläuft planmäßig, es ist alles in bester Ordnung. Ich wollte dir nur sagen, wie sehr ich dich und die Kinder liebe und daß ich pünktlich ankommen werde. Ich kann es kaum erwarten, dich zu sehen."

Nachdem John das Telefon zurückgegeben hatte, bestellten wir beide das Essen – Hummer und Champagner. Es geht doch nichts über den Service in der Ersten Klasse. Warum behandeln wir uns und andere eigentlich so selten erstklassig?

,,Sehen Sie'', sagte John, ,,da haben Sie ein Beispiel für etwas, was ich spontan erledigen wollte, und das Telefon hat es möglich gemacht.''

,,Ja, aber Sie hätten doch auch warten können, bis Sie am Montag wieder in Ihrem Büro sind, um dann einen Brief zu schreiben, oder nicht?''

,,Ja sicher, aber das Telefon ist durch nichts zu ersetzen, und der passende Augenblick auch nicht. Das Telefon ist das perfekte Werkzeug für diese Art der Kommunikation . . . es schränkt den Leerlauf beträchtlich ein. Wissen Sie'', sagte er grinsend, ,,sogar E.T. mußte nach Hause telefonieren!

Ich habe außerdem eine unerwartete Belohnung für mein spontanes Handeln erhalten. Ich wollte nur meine Assistentin bei dem Seminar loben und habe am Ende ein Angebot von 10 000 Dollar für ein weiteres Seminar bekommen. Ich habe nicht deshalb angerufen, aber dieses Angebot gehört mit zu den Ergebnissen. 10 000 Dollar für drei Tage sind doch gar nicht schlecht, oder?''

,,Das kann man wohl sagen'', antwortete ich. Er war so ein netter Kerl, daß ich kaum neidisch sein konnte, aber ganz unmöglich war es wiederum auch nicht.

Als die Stewardeß uns bediente, erzählte mir John mehr über die Magie des Telefons.

,,Nun, Sie haben doch vorhin gesagt, daß Sie das Telefon kalt und unpersönlich finden, richtig?''

,,Das stimmt.''

,,Die neuesten Forschungsberichte haben gezeigt, daß Menschen am Telefon besser mit anderen umgehen, ihre Sache darlegen oder sogar Streitigkeiten bereinigen können als im persönlichen Gespräch. Am Telefon ist es einfacher, die Meinung zu ändern und Kompromisse zu schließen."

„Das ist ja kaum zu glauben. Gibt es wirklich Forschungsergebnisse, die das bestätigen können?"

„Aber sicher. Sie können mich in meinem Büro anrufen. Ich schicke Ihnen dann Kopien von Artikeln über diese Studien zu."

„Das ist ja faszinierend. Erzählen Sie mir doch mehr darüber."

John aß noch einige Bissen, schaute aus dem Fenster auf die weißen Wolkengebirge und sagte dann: „Sie übersehen wahrscheinlich einen der ungewöhnlichsten Aspekte der telefonischen Kommunikation. Sie können auf keine andere Weise als mit Hilfe des Telefons einem anderen Menschen so nahe kommen, ohne daß er sich unbehaglich fühlt oder sogar den Rückzug antritt. Wissen Sie, was einige Psychologen über das Verhältnis von Abstand und Liebe gesagt haben?"

„Nein", mußte ich antworten. Seine Frage hatte mich neugierig gemacht.

„Gehen Sie doch einmal zu unserer Flugbegleiterin Barbara und fangen Sie eine Unterhaltung an. Und während Sie das tun, versuchen Sie doch festzustellen, wie nah Sie ihrem Gesicht kommen können."

„Warum?"

„Versuchen Sie es einfach. Vertrauen Sie mir. Sie werden eine ‚telefon-tastische' Überraschung erleben."

Eigentlich hatte ich nichts zu verlieren. Außerdem fing ich wirklich an, diesen Mann zu mögen und ihm zu vertrauen, auch wenn er zu haarsträubenden Wortspielen neigte. Er war ein wandelnder Informationsspeicher. Ich schlenderte zur Bordküche und plauderte mit Barbara über die Ankunftszeit,

Sie können auf keine
andere Weise als mit Hilfe des Telefons
einem anderen Menschen so nahe kommen,
ohne daß er sich unbehaglich fühlt
oder sogar den Rückzug antritt.

das Wetter und ähnliches. Während der Unterhaltung versuchte ich manchmal, wie John vorgeschlagen hatte, mein Gesicht ihrem Gesicht zu nähern. Jedesmal, wenn ich einen bestimmten Punkt erreichte, wich sie einen Schritt zurück.

Nach ein paar Minuten entschuldigte ich mich und ging zu meinem Sitz zurück.

„Nun, wie war's?"

„Ich habe nur bemerkt, daß sie zurückwich, wenn ich mich zu ihr hinbeugte oder einen Schritt näher kam."

„Das liegt nicht an Ihrem Mundgeruch . . .!"

Er lachte und sagte: „Ich mache nur Spaß. Ich möchte Ihnen etwas Interessantes erzählen. Die Forschung zeigt, daß man jemanden, den man näher als zehn Zentimeter an das eigene Gesicht heranläßt, liebt. Wenn Sie zu denen gehört hätten, die Barbara liebt, wie etwa ihre Eltern, ihren Freund oder Ehemann oder ihr Kind, dann wäre sie nicht zurückgewichen, wenn Sie ihr näher kamen. Sie teilte Ihnen durch ihre Körpersprache mit, in welcher Beziehung sie zu Ihnen steht."

Mir wurde plötzlich klar, warum ich die zusätzlichen Zentimeter zwischen den Sitzen in der ersten Klasse als so angenehm empfand. „Das ist ja faszinierend."

„Nicht wahr? Und jetzt möchte ich Sie fragen, wie nah Ihnen jemand kommt, mit dem Sie telefonieren."

„Mein Gesprächspartner ist direkt an meinem Ohr und nur einen Zentimeter von meinem Mund entfernt."

„Das stimmt! Und das nennen Sie weit entfernt? Unpersönlich? Kalt?"

„Ja, so habe ich das ganze noch nie betrachtet . . ."

„Sie können wirklich auf keinem anderen Weg einem anderen Menschen so schnell so nah kommen wie mit dem Telefon. *Außerdem benutzt jeder, ohne Ausnahme, das Telefon.* Jeder kommuniziert, auch wenn er nichts sagt. Und Worte sind, glauben Sie mir, *Magie!* Effektive Kommunikation ist eine Macht. Und weil Sie sowieso jeden Tag telefonieren müssen, können Sie auch genausogut ,telefon-omenal' werden!"

Plötzlich klangen John Deltones Worte vertraut. Ich hörte meinen Vater, der sein ganzes Leben lang ein Handelsvertreter gewesen war, wie er mir und meinem Bruder sagte: „Ihr verkauft euch immer selbst." Nach Vaters Meinung ging es im Leben, ob privat oder geschäftlich, immer darum, etwas zu verkaufen, und Worte waren der Schlüssel dazu.

Ich sah ihn vor meinem geistigen Auge, wie er in der Küche stand und mit uns Teenagern sprach. Voller Begeisterung pflegte er zu sagen: „Die Macht der Worte, der dynamischen Kommunikation, kann die Welt verändern, Nationen zusammenschweißen, Ehen retten; sie ist die Basis der Liebe. Worte können ein ganzes Leben verändern, ob man nun Geschäftsmann, Ehefrau, Geliebte, Vater, Sohn oder Astronaut, Pilot, Kellner oder Schriftsteller ist."

Ein Leben, in dem man sich ständig selbst verkaufen muß, entsprach nun keineswegs meinen Idealen. Ich wollte immer als der akzeptiert werden, der ich bin. Mich selbst oder meine Ideen zu verkaufen, kam mir immer so prosaisch vor, wo blieb denn da der Raum für die Poesie? Mit der Zeit wurden Verkaufen und Kommunikation für mich zu Synonymen für lästige Pflichten. Ich schwor, niemals ein Vertreter zu werden.

Nie im Leben!

So weit, so gut. Nach einem Anglistikstudium und drei unveröffentlichten Theaterstücken war es soweit, daß ich den Lebensunterhalt für meine Familie verdienen mußte. Trotz aller Schwüre wurde ich zum Vertreter; ich verkaufte zunächst Immobilien, danach Versicherungen. Zum Zeitpunkt dieses denkwürdigen Fluges war ich nicht sehr glücklich über meine Wahl. Ich hatte nicht nur das Gefühl, mich selbst verraten zu haben, ich hatte außerdem auch finanzielle Probleme.

Mein Chef führte das auf meine Abscheu vor den sogenannten ,,kalten" Anrufen zurück, die notwendig waren, um Termine abzusprechen und um in unserer Branche erfolgreich zu sein. Natürlich hatte er recht. Auch wenn ich mich dazu zwang, jede Woche die vorgeschriebenen Anrufe zu tätigen, arbeitete ich doch höchst ineffektiv. Ich steckte in einem Teufelskreis. Je mehr ich mich dazu zwang, das Telefon einzusetzen, desto weniger Erfolg hatte ich damit.

Langsam wurde mir klar, daß ich neue geschäftliche Fähigkeiten brauchte, besonders, was die Kommunikation betraf, wenn ich jemals auch nur einen geringen Erfolg haben wollte. Noch unangenehmer war die Erkenntnis, daß mein Vater die ganze Zeit Recht gehabt hatte. Und jetzt war ich John Deltone begegnet, der mir eine ausführlichere Version der Botschaften unterbreitete, die ich schon vor 20 Jahren nicht verstehen wollte. Von irgendwo dort droben glaubte ich ein lautes Lachen zu hören.

Als ich aufblickte, sah ich John, der mich anlächelte und fragte: ,,Träumen Sie schon wieder?"

,,Wie bitte? Ach so, ja, ich hatte wohl einen Tagtraum. Wissen Sie, ich würde so gerne glauben, was Sie über das Telefon erzählen, über die Magie und Macht der Worte. Aber ich komme gegen meine Gefühle nicht an."

,,Welchen Beruf üben Sie aus, Bob?"

,,Ich bin Versicherungsvertreter."

,,Warum haben Sie diesen Beruf gewählt?"

,,Na ja, zuerst habe ich es mit Immobilien versucht. Um die Wahrheit zu sagen, einer der Hauptgründe für meinen Wechsel war, daß ich im Immobiliengeschäft so oft telefonieren mußte. Ich dachte, im Versicherungsgeschäft würden die persönlichen Gespräche überwiegen, aber das war ein Irrtum."

,,Ist Ihnen schon einmal aufgefallen, sei es nun in der Familie oder bei der Arbeit, daß es Menschen gibt, die mit dem Telefon umgehen können, als sei es ein Musikinstrument?"

„Ich weiß nicht genau, was Sie damit meinen."

„Ich würde Ihnen gerne eine Geschichte erzählen. Ich habe einmal in einem Büro mit einer Kollegin namens Joan zusammengearbeitet. Ungefähr ein halbes Dutzend Mitarbeiter nahmen am Telefon Aufträge entgegen. Mit der Zeit fiel mir auf, daß eine immer größere Zahl von Kunden nach Joan verlangte, wenn sie nur einmal einen Auftrag bei ihr abgegeben hatten. Warum nur? Alle Mitarbeiter waren höflich und kompetent. Alle erledigten die Aufträge schnell und exakt.

Ich fing an, Joan bei ihren Gesprächen zuzuhören. Sie nahm nicht nur Aufträge entgegen, sie konnte auch mit ein paar kurzen Sätzen eine persönliche Beziehung herstellen. Es steckte mehr dahinter als bloße Freundlichkeit. Sie schien immer die richtige Bemerkung zu machen, den richtigen Tonfall zu treffen, sie konnte das Gefühl vermitteln, man rufe eine Freundin an. Sie plauderte oft mit den Anrufern über das Geschäft oder die Familie. Diese eine Minute mehr brachte der Firma auch mehr Geld ein. Und nebenbei machte ihr die Arbeit auf diese Weise Spaß."

„Solch eine Person kenne ich auch aus meiner Firma."

„Das ist gut. Eines Tages saß ich beim Essen neben Joan und fragte sie nach ihrem Geheimnis. Ihre Antwort lautete: ‚Zuhören'.

‚Aber es hört doch jeder zu . . .', antwortete ich.

‚Ich meine damit ein *echtes Zuhören*. Ich mag das sehr', antwortete sie. ‚Ich freue mich immer wieder darüber, wie freundlich Menschen doch sind, wie gerne sie mit mir sprechen wollen, wenn sie nur wissen, daß ich wirklich an ihren Worten interessiert bin.'

‚Langweilt Sie das denn nie?' fragte ich.

‚Aber nein', sagte sie. ‚Jedesmal, wenn das Telefon klingelt, kündigt sich für mich ein neues Abenteuer an, ich freue mich darauf, etwas zu hören, das ich noch nicht kenne, neue Menschen kennenzulernen und ihren Geschichten zuzuhören. Jeder hat doch ein einmaliges und interessantes Leben.'

Bob, kommen Sie jetzt bitte nicht auf falsche Ideen. Joan war nicht zur Super-Verkäuferin ausgebildet worden. Für sie war es ein reiner Zufall, daß sie mehr Aufträge für unsere Firma beschaffte. Es war ihre Freude an einem fast kindlichen *Spiel*, ihre Freude daran, die Wundermaschine Telefon einzusetzen, die die Kunden anzog.

Viele unserer Kunden, die uns telefonisch Aufträge erteilten, verbrachten im Geschäft jeden Tag viele Stunden am Telefon. Meistens hörten sie dabei nur eines – unpersönliche, körperlose Stimmen. Es muß eine sehr angenehme Abwechslung gewesen sein, einmal mit einem Menschen wie Joan zu telefonieren. Es war wie eine kleine Pause, in der man mit einem Freund spricht – einem Menschen aus Fleisch und Blut am anderen Ende der Leitung, und trotzdem war es gleichzeitig möglich, sich ums Geschäft zu kümmern."

So einfach war das also, warum war ich noch nicht selbst darauf gekommen! Ich war immer so sehr darauf aus gewesen, zum Kern der Sache zu kommen, das Geschäftliche zu bedenken, daß mir nie eine kleine Plauderei oder das Interesse an der Person am anderen Ende der Leitung in den Sinn gekommen war. Dabei hatte ich mich immer gefreut, wenn jemand persönliches Interesse an *mir* gezeigt hatte, dachte ich.

„Wissen Sie, John, Sie erinnern mich an meinen Onkel Dan. Wir sahen ihn nur etwa alle fünf Jahre einmal, weil er weit weg wohnte, aber er rief oft an, besonders an Geburts- und Festtagen. Wir bekamen auch Anrufe von anderen Verwandten, aber wenn Onkel Dan anrief, war das immer etwas Besonderes. Er legte Wert darauf, alle unsere Hobbys und unsere Lieblingsfächer in der Schule zu kennen. Immer wenn er anrief, drängten wir uns ums Telefon und warteten ungeduldig darauf, auch an die Reihe zu kommen. Seine Stimme allein konnte eine Umarmung ersetzen.

Onkel Dan beschrieb am Telefon oft das Leben in Florida. Wenn er von einem Spaziergang am Strand bei Sonnenuntergang erzählte, rochen wir in New York geradezu die salzige Seeluft. Und wenn er uns vom Fischfang auf dem Meer erzählte, konnten wir fast den blauen Himmel und das Meer *sehen*."

„Jetzt kommen Sie der Sache näher, Bob. Ihr Onkel Dan war von Natur aus ein Meister der Kommunikation, der das Telefon als magisches Werkzeug begriff, das die Illusion der Entfernung auflösen kann.

Sehen Sie, mit Hilfe des Telefons *können wir Dinge tun, die uns persönlich sonst unmöglich wären*. Wir schaffen Illusionen, wir malen Bilder. Sie können zum Beispiel größer, schlanker oder erfolgreicher klingen, als sie es wirklich sind. Wie oft waren Sie nicht schon vom Aussehen eines Menschen überrascht, den Sie nur vom Telefon her kannten?"

„Schon oft."

„Das liegt daran, daß Sie sich ein Bild aus den Informationen schaffen, die Worte und der Tonfall über das Telefon übertragen. Ihre Vorstellungskraft benutzt die Worte eines anderen, um ein Bild zu malen, das allein Ihnen gehört. In unserer Gesellschaft, die sagt: ‚Strecke die Hand aus und berühre einen anderen, schreibe nicht, rufe an', ist es für unseren Erfolg entscheidend, die Beherrschung dieses High-Tech-Werkzeugs zu erlernen. Alle Bereiche unseres Lebens, ob geschäftlich, persönlich oder sogar spirituell, hängen davon ab."

„Ich glaube, ich fange an, alles zu verstehen", lautete mein Kommentar.

John lachte. „Hier und jetzt können Sie mit der richtigen

Technik und einem Quentchen Glück jeden Menschen auf der Welt erreichen. Die Welt ist nur einen Tastendruck entfernt. Vor Jahren stand eine Geschichte über eine Zwölfjährige in der Zeitung, die sich verwählt hatte, Präsident John F. Kennedy ans Telefon bekam und zwanzig Minuten mit ihm sprach. Kennedy konnte hervorragend mit dem Telefon umgehen und ging oft selbst an den Apparat. Das Mädchen wird das Gespräch wohl nie im Leben vergessen.

Wenn Sie einmal gelernt haben, das Telefon zu meistern, wird es Ihr Leben verändern und Ihnen das Gefühl vermitteln, Macht und Einfluß zu besitzen. Sie werden lernen zu bezaubern, zu erheitern, Späße zu machen, sich einzuschmeicheln, zu hypnotisieren. Sie können das Telefon benutzen, um im letzten Moment noch einen Platz im Restaurant zu reservieren, einen hervorragenden Platz im Stadion zu bekommen, das Geld für ein wichtiges Projekt zu beschaffen, das gebrochene Herz Ihrer Tochter zu heilen, ein Geschäft in Neuseeland abzuschließen, ein Treffen mit einer ganz besonderen Person zu vereinbaren oder einen Streit mit einem Freund beizulegen . . .“

John war faszinierend. Ich hörte bei einem Meister der Kommunikation und großartigem Lehrer eine private Vorlesung über die Wiederentdeckung der Magie des Telefons.

„Wenn wir einmal darüber nachdenken, ist es schockierend, wie unauflöslich das Telefon mit unserem Leben verwoben ist, so unmerklich und vertraut, daß wir es für etwas ganz Selbstverständliches halten. Es ist für uns genauso selbstverständlich, daß eine Mutter den Vater anrufen kann, um ihm zu sagen, daß er auf dem Heimweg ein Brot mitbringen soll, wie es selbstverständlich ist, daß wir unseren Lieferanten in Hongkong fragen können, warum die letzte Lieferung noch nicht angekommen ist.“

John griff in seinen Aktenkoffer und gab mir einen Zeitungsartikel, der den Titel hatte: „Anrufe von der Überholspur: Das Leben in einer Telefonzelle an der Autobahn." Ich las: „Robert Reinhold beschäftigt sich mit der Allgegenwart des Telefons und wie es zunehmend unsere Welt verändert . . . Steht eine kopernikanische Wende der Kommunikation bevor? . . . Die zweite Generation von leichten, drahtlosen Telefonen steht vor der Tür . . . Für manche vielleicht ein Alptraum, in dem jeder seine ‚Universalnummer' bekommt, mit der er überall erreichbar ist, sei es im Auto, im Garten, auf einem Boot oder bei einem Spaziergang."

„Das ähnelt aber sehr meinem Telefon-Alptraum."

„Wenn Sie sich die Kopien der Artikel abholen, die ich vorher erwähnt habe, können Sie auch diesen hier mitnehmen. Geben Sie mir doch einfach Ihre Visitenkarte, falls Sie es vergessen sollten, meine Sekretärin kann Ihnen dann die Artikel zuschicken. Denken Sie immer daran, Bob, das Telefon gibt es nicht schon seit ewigen Zeiten. Deshalb müssen wir die Grenzen von Raum und Zeit beachten. Bessere Fähigkeiten im Umgang mit dem Telefon verleihen uns unbegrenzte Möglichkeiten zur Schöpfung einer kleineren, persönlicheren Welt. Wir können einfach mit anderen Menschen Kontakt aufnehmen und den Kontakt aufrechterhalten."

„Sie haben gut reden. Sie besitzen nun einmal diesen Hauch von Magie, diese bestimmte, unbeschreibliche Fähigkeit!"

„All das können Sie auch erreichen, wenn Sie bereit sind, ein wenig Zeit in das Studium meiner kleinen ‚Geheimnisse' zu investieren", sagte er, als uns der Flugkapitän aufforderte, uns für die Landung anzuschnallen. „Ich kann Ihnen die Adressen von einigen außergewöhnlichen Menschen geben, die Ihnen die fehlenden Teile zu diesem Puzzle geben können. Erinnern Sie mich bitte an diese Liste, wenn Sie mich in meinem Büro besuchen."

Während John seine Papiere aufsammelte und in seinem

Betrachten Sie jedes Telefongespräch
als ein aufregendes Abenteuer –
als etwas,
das Sie bis zu diesem Zeitpunkt
noch nie erlebt haben.

Aktenkoffer verstaute, machte ich mir schnell ein paar Notizen, die mich an einige wichtige Punkte unseres Gesprächs erinnern sollten. Ich wäre damals nie darauf gekommen, daß diese Notizen den Grundstock eines Buches über meine merkwürdige Telefon-Odyssee liefern sollten.

Ich spürte ein ganz merkwürdiges Gefühl, als ich mit meinen Notizen fertig war. Es war, als hätte ich mein ganzes Leben in einer dunklen Kammer gesessen, und nun hätte jemand die Tür einen Spalt weit geöffnet. Meine Augen mußten sich noch an das Licht gewöhnen. Ich hatte noch keine Vorstellung davon, wie sehr mich die mysteriösen Abenteuer, die ich in den kommenden Monaten erleben sollte, verwirren würden. Was das seltsamste an der Sache war: Ausgerechnet mein ältester Feind, das Telefon, spielte dabei die Schlüsselrolle.

O'Ryans Telefonnotizen

1. Kehren Sie zur richtigen Grundeinstellung – zur Ehrfurcht und Bewunderung – gegenüber dem Telefon zurück. Wir halten das Telefon für etwas Selbstverständliches. Betrachten Sie das Telefon, als sähen Sie es zum ersten Mal, als sei es gerade erst erfunden worden.

2. Man kann jeden Menschen überall auf der Welt mit dem Telefon schneller erreichen und einen engeren Kontakt zu ihm herstellen als mit jedem anderen heute bekannten Kommunikationsmittel.

3. Die Kunst des Telefonierens kann genauso erlernt werden wie das Spielen eines Musikinstruments.

4. Lernen Sie, anderen das Gefühl zu vermitteln, daß Sie an ihnen interessiert sind, *an dem, was sie sind und fühlen*, und nicht nur an dem Geschäft, das gerade telefonisch abgewickelt wird.

5. Joans Geheimnis: *Gut Zuhören*.

6. Jeder Anruf bringt möglicherweise ein Abenteuer mit sich. *Pflegen Sie Ihren Sinn für Spiel und Spaß*. Gute Geschäfte sind nur selbstverständliche Nebenprodukte des Telefongesprächs.

7. Am Telefon lassen sich Dinge tun und Bilder hervorrufen, die im persönlichen Gespräch niemals möglich gewesen wären.

Kapitel 2
Die drei Typen am Telefon: Ohren-Telefonierer, Augen-Telefonierer, Gefühls-Telefonierer

Nachdem ich mich auf dem Flugplatz von John Deltone verabschiedet hatte, ging ich schnurstracks zur nächsten Telefonzelle und rief meine Frau an. Während das Telefon noch klingelte, entdeckte ich John zufällig in einer anderen Telefonzelle gegenüber. Er hob ermutigend den Daumen. Ich mußte lächeln. Dann nahm meine achtjährige Tochter Lisa den Hörer ab.

„Hallo, hier ist Lisa."

„Hallo, Mona Lisa!" Ich sprach sie mit unserem Spitznamen an. „Hier ist Papa."

„O Papa, wo bist du denn? Wir warten schon auf dich."

„Ich bin auf dem Flughafen und komme gleich nach Hause. Ich wollte nur sofort mit meinem Lieblingsmädchen sprechen."

„Du fehlst uns!"

„O ja, ihr fehlt mir auch. Ist Mama zu Hause?"

Ich hörte, wie Lisa durch das ganze Haus rief: „Mama, Papa ist am Telefon!"

„Bob, bist du es?"

„Hallo, Liebling, ich bin auf dem Flughafen und komme in einer Stunde nach Hause. Ich wollte nur sagen, wie sehr ich euch liebe und wie ihr mir fehlt."

„Bob, das klingt wie Musik in meinen Ohren. Du fehlst uns auch. Besonders Tommy hat viel nach dir gefragt, er hatte Fieber."

,,Etwas Schlimmes?"

,,Nein, der Arzt sagt, es war nur eine Grippe. Übrigens, bist du hungrig? Soll ich dir schon etwas zu Essen machen?"

,,Nein, Schatz, nicht nötig. Ich habe im Flugzeug gegessen."

,,Weißt du, ich freue mich so über deinen Anruf. Ist alles in Ordnung?"

,,Ja, warum fragst du?"

,,Ich weiß doch, wie sehr du das Telefon verabscheust, ich kann mich gar nicht mehr an deinen letzten Anruf erinnern."

,,Es ist wirklich alles bestens, ich wollte nur anrufen."

,,Danke, ich weiß es zu schätzen. Ich will dich so bald wie möglich in den Arm nehmen. Verpaß bloß den nächsten Bus nicht."

,,Ich liebe dich! Ich bin gleich zu Hause."

Ich staunte noch einen Augenblick über diesen schmerzlosen Anruf. Sheryl hatte recht. Solche Anrufe kamen bei mir kaum vor. Und das komische Gefühl im Bauch, das ich sonst am Telefon hatte, war einfach nicht da. Ich dachte ganz aufgeregt an die vielen Möglichkeiten, die sich nun auftaten. Fast mühelos – es hatte nur ein paar Minuten am Telefon gekostet – hatte ich meine Familie beruhigt und glücklich gemacht. Auch ich fühlte mich besser, dabei hatte das Ganze fast nichts gekostet. Ich starrte ein paar Sekunden den Hörer in meiner Hand an und dachte an John, der davon gesprochen hatte, die ganze Welt in der Hand zu halten. Solch ein Gefühl hatte ich noch nie im Leben gehabt.

Im Laufe der folgenden Woche führte ich mehr ,,kalte Telefongespräche" als jemals zuvor. Seit meinem Gespräch mit John im Flugzeug hatte ich nicht mehr eine solche Angst davor, den Hörer in die Hand zu nehmen und das Telefon zu *benutzen*. Aber zu meiner größten Enttäuschung hatte ich gar nicht so viel mehr Erfolg bei der Terminabsprache und beim

Verkauf von Policen. Die Dinge hatten sich nur unwesentlich verändert. Es war wohl an der Zeit, auf Johns Angebot zurückzukommen, ihn in seinem Büro zu besuchen.

Er war gar nicht so einfach zu erreichen, wie ich erwartet hatte. Ich rief in seinem Büro an und sprach mit seiner Sekretärin. Sofort fielen mir wieder alle Gründe ein, warum ich eine so heftige Abneigung gegen das Telefon hatte.

Sie hatte eine näselnde Stimme und fragte in geschäftsmäßigem Tonfall: „Büro Deltone. Kann ich etwas für Sie tun?"

„Ja", sagte ich, „ich habe Herrn Deltone vor einer Woche auf einem Flug kennengelernt und würde gerne einen Termin mit ihm vereinbaren."

„Mr. Deltone führt gerade ein Ferngespräch. Möchten Sie warten?"

„Nein, schon gut", sagte ich und legte auf. Ich konnte es nicht ausstehen, am Telefon zu warten, besonders, wenn ich dabei die typische Kaufhausmusik anhören mußte.

Ich versuchte noch mehrmals, John Deltone zu erreichen und legte sofort auf, wenn ich erfuhr, daß er auf einer Konferenz oder am Telefon war. Seine Sekretärin fragte immer, ob ich warten wollte, aber ich lehnte jedesmal ab. Es machte mich wütend, daß meine alten Telefonängste mich noch immer verunsichern konnten. Schließlich hinterließ ich meine Nummer, und John rief nach einigen Stunden zurück.

„Hallo Bob! Tut mir leid, daß es so lange gedauert hat, bis ich zurückrufen konnte."

„Macht nichts, ich versuche seit einer Woche, Sie zu erreichen."

„Bei uns geht gerade wirklich alles drunter und drüber. Warum haben Sie nicht gleich Ihre Nummer hinterlassen?"

„Das weiß ich selbst nicht."

„Doch, sicher wissen Sie das, aber darüber können wir sprechen, wenn wir uns persönlich sehen."

,,John, ich würde so gerne weiter mit Ihnen über das Telefon sprechen. Sie haben mich in Ihr Büro eingeladen, aber Sie machen solch einen beschäftigten Eindruck. Ich..." Ich stellte fest, daß ich mich langsam zurückzog, ich wußte nicht, wie ich meinen Gedanken zu Ende führen sollte und hatte dabei noch das Gefühl, ich müßte mich entschuldigen.

,,Ich bin zwar sehr beschäftigt, aber unter meinen Anrufen heute war eine Absage für einen Termin heute um drei Uhr. Hätten Sie da Zeit?" Ich schaute in meinen Terminkalender. Für diesen Zeitpunkt waren zwei Termine eingetragen.

,,John, ich habe zu der Zeit zwei Termine. Ich werde anrufen und versuchen, sie zu verschieben. Ich rufe dann sofort zurück."

,,In Ordnung, ich sage Martha, sie soll Sie sofort durchstellen."

,,Wer ist Martha?"

,,Meine Sekretärin. Haben Sie denn nie nach Ihrem Namen gefragt? Sie haben doch so oft angerufen."

,,Nein, offensichtlich nicht."

,,Sie sind doch ein echter Telefon-Snob", sagte er kichernd.

,,Das stimmt wohl. Aber wenn ich durch Ihre Schule gegangen bin, werde ich ein echter Telefon-Meister sein."

,,Darauf können Sie Gift nehmen", war die begeisterte Antwort. ,,Jetzt haben Sie die richtige Einstellung."

,,Ich rufe dann gleich wieder an." Ich sah in meinen Terminkalender und dachte über die Anrufe nach, mit denen ich mich freikaufen konnte. Es graute mir davor. Aber dann passierte etwas tief in meinem Inneren. Meine Sorgen verwandelten sich in Entschlossenheit. Ich sah mein Telefon an – dann redete ich plötzlich auf es ein. Ich hoffte, niemand würde gerade jetzt in mein Büro kommen. ,,Mit dir werde ich noch fertig, und wenn es die letzte Tat in meinem Leben ist, du Miststück!"

Es war wohl ein glücklicher Zufall, daß ich sofort alle Kunden erreichte und neue Termine ausmachen konnte. Ich achtete dabei darauf, Sekretärinnen und Assistenten nach dem Namen zu fragen und notierte diese Namen in meinem Notizbuch. Ich holte auch noch einmal meine Telefonnotizen aus dem Flugzeug hervor und ergänzte: *„Frage den Gesprächspartner am Telefon immer nach dem Namen, auch wenn du gar nicht mit ihm sprechen wolltest. Das ist persönlicher."* Ich dachte noch einen Augenblick darüber nach und ergänzte dann: „Das ist das absolute Minimum an Höflichkeit. Menschen sind keine Maschinen."

Ich betrat das kleine Vorzimmer von Johns Büro in der Firma Transcom Satellites Inc. Martha saß hinter einem praktisch perfekt durchorganisierten Schreibtisch. Sie blickte auf, nahm ein Papiertaschentuch aus einer der zahlreichen Packungen auf dem Tisch und putzte sich deutlich hörbar ihre rote, geschwollene Nase. „Was kann ich für Sie tun?"

„Hallo, Martha, ich bin Bob O'Ryan. John erwartet mich."

Sie nickte und sagte: „Er telefoniert gerade, ist aber gleich für Sie da." Sie bat mich, Platz zu nehmen. Ich konnte Johns sonores Lachen sogar durch die geschlossene Tür hören. »Der hat mit Sicherheit seinen Spaß am Telefon«, dachte ich. Das Foto eines Nachrichtensatelliten an der Wand fiel mir ins Auge. Marthas Summer ertönte und sie sagte: „Sie können jetzt hineingehen."

Als ich die Tür öffnete, lächelte ich Martha an und sagte: „Gute Besserung."

Johns Büro war ein einziges Durcheinander aus Papieren, Bücherstapeln, Zeitschriften und Akten. Die Wände waren mit Fotos, Zeitungsausschnitten und Notizen bedeckt. Er kam mit einem warmherzigen Lächeln hinter seinem Schreibtisch hervor und ergriff meine ausgestreckte Hand mit beiden Händen. ,,Schön, daß Sie da sind, Bob. Nehmen Sie Platz.“

Sein Telefon klingelte. ,,Entschuldigen Sie mich einen Augenblick, ich habe schon auf diesen wichtigen Anruf gewartet. Es wird nicht lange dauern.“ Ich sah mir das Zimmer genauer an. Die Zettel an seinen Wänden waren einfach faszinierend. Gleich am Anfang fiel mir eine große Karteikarte mit einem Zitat von Carl Rogers auf:

> Wenn ich *hören* kann, was er mir sagt,
> wenn ich *verstehen* kann, wie es ihm erscheint,
> wenn ich den *emotionalen* Gehalt fühlen kann,
> den es für ihn hat,
> dann werde ich starke Kräfte in ihm
> freisetzen.

John hatte mehrere Worte auf der abgegriffenen, gelben Karteikarte unterstrichen, er mußte sie schon lange besitzen. Direkt daneben hing ein kurzes, eingerahmtes Zitat von Arnold Toynbee. Es lautete:

> Die dringendste Aufgabe der menschlichen Rasse ist es,
> sich weltweit kennenzulernen.

Während ich seine Wände musterte, konnte ich ihn am Telefon sprechen hören. Er war ziemlich geschickt. Aber geschickt ist das falsche Wort, denn es erinnert an Unehrlichkeit oder Manipulation. Er dagegen kümmerte sich um seinen Gesprächspartner, er kümmerte sich wirklich um ihn. Außerdem hörte er zu. Er kannte die Namen der Frau und der Kinder seines Gesprächspartners und das Anliegen desjenigen, der am anderen Ende der Leitung war. Bis kurz vor seinem Ende klang das Gespräch wie eine gemütliche Plauderei. Ich hörte, wie er eine Bestellung des Anrufers wiederholte. Er schien sich überhaupt nicht auf das Geschäftliche zu konzentrieren.

Nachdem er aufgelegt hatte, bat er Martha darum, alle Anrufe abzufangen. Mir fielen drei kleine Karikaturen direkt neben dem Telefon ins Auge. Er mußte bemerkt haben, daß ich darauf starrte, denn als ich mich hinsetzte, nahm er den Rahmen in die Hand und reichte ihn mir. ,,Ein Freund von mir hat sie gezeichnet. Sind sie nicht großartig?"

Die Karikaturen zeigten drei Menschen. Einer hatte extrem große Augen, etwa fünfmal so groß wie normal. Der nächste hatte riesige Ohren, zweimal so groß wie seine Füße. Der dritte schließlich hatte ganz enorme Hände, jede war so groß wie sein Kopf. Die Unterschriften lauteten: der Augen-Telefonierer (visueller Typ), der Ohren-Telefonierer (auditiver Typ), der Gefühls-Telefonierer (kinästhetischer Typ).

,,Was hat das zu bedeuten?"

,,Diese Karikaturen sollen mich daran erinnern, gut zuzuhören. Nein, das stimmt nicht ganz, sie sollen mich daran erinnern, wie ich gut zuhören kann."

,,Das haben Sie schon im Flugzeug erwähnt. Sie sagten, daß Zuhören zu den Geheimnissen der Telefonierkunst gehört."

,,Das stimmt. Zufällig bin ich gestern auf ein bemerkenswertes Zitat gestoßen, als ich ,Auf der Suche nach Spitzenleistungen. Was man von den bestgeführten US-Unternehmen lernen kann'[1] las." Er griff in den Bücherstapel auf seinem Schreibtisch und zog eines davon hervor. Es steckten eine Menge Lesezeichen darin. Er schlug eine Seite auf, und mit der Erregung eines Schürfers, der gerade Gold gefunden hat, las er vor:

---

[1] Thomas F. Peters, Robert H. Waterman: Auf der Suche nach Spitzenleistungen. Was man von dem bestgeführten US-Unternehmen lernen kann, mvg-verlag, München/Landsberg am Lech, S. 231.

,,Die besonders erfolgreichen Unternehmen verstehen sich also nicht nur besser auf Service, Qualität, Zuverlässigkeit und die Nutzung von Marktnischen. Sie sind auch die besseren Zuhörer."

,,So ist das", sagte er beim Schließen des Buchs. ,,Gut Zuhören ist das ganze Geheimnis. Und denken Sie daran, wir sprechen hier nicht nur über geschäftliche Kommunikation. Wir sprechen hier über jede Form von Kommunikation, über Hausfrauen, Jugendliche, Verwandte, Vertreter, Telefonisten, Telefonmarketingexperten, ehrenamtliche Helfer bei Sorgentelefonen, Sozialarbeiter, Zahnärzte, Verleger, Empfangschefs, Fahrstuhlführer, Busfahrer, Schaffner . . . die Liste ist bei weitem noch nicht vollständig. Sie alle haben gemeinsam, daß sie kommunizieren müssen. Wie wir auf andere zugehen bestimmt weitgehend, was wir zurückerhalten, ob wir nun über Liebe, Achtung, Aufträge, Gewinne, Vergnügen, Verständnis oder sogar über spirituelle Erleuchtung sprechen."

,,Seit unserem Gespräch im Flugzeug ist mir die ganze Zeit bewußt, daß ich eine neue Ehrfurcht vor dem Telefon und der Kraft der Kommunikation empfinde. Aber ich weiß noch längst nicht alles, deshalb habe ich Ihr Angebot angenommen. Ich habe Sie zu meinem offiziellen ‚Telefon-Guru' ernannt."

,,Welche Ehre. Man hat mir in meinem Leben schon viele Titel verliehen, aber dieser ist neu."

,,Also", erinnerte ich ihn, ,,was haben diese Karikaturen nun für eine Bedeutung?"

,,Ach ja, ich neige ein bißchen zum Abschweifen. Sie stellen die drei Menschengruppen dar, denen sie am Telefon begegnen könnten – dem *Augen-Telefonierer* (visueller Typ), dem *Ohren-Telefonierer* (auditiver Typ) und dem *Gefühls-Telefonierer* (kinästhetischer Typ).

„Ist das nicht ein wenig zu einfach?"

„Ja sicher, aber es handelt sich hier um *nützliche Verallgemeinerungen*. Wenn Sie erst einmal das Prinzip verstanden haben, reichen Ihre Telefonkünste auch aus, um kompliziertere Melodien zu spielen. Sehen Sie, wenn zwei Menschen eine gute Beziehung zueinander haben, dann wird das Zuhören mühelos, wie wir jetzt wissen. Ich weiß, daß Sie Interesse an mir haben und keinen Anstoß daran nehmen, wenn ich einfach sage, was mir auf der Zunge liegt oder alberne Wortspiele mache. Deshalb bin ich ganz *locker*, wenn ich mit Ihnen zusammen bin. Wenn ich mit Ihnen spreche, versuche ich das so zu machen, daß Sie zuhören wollen. Umgekehrt gilt das Gleiche. In einem guten Gespräch haben beide Beteiligte das Gefühl, *dieselbe Sprache zu sprechen*. Es ist die wichtigste Grundlage jeder Kommunikation und der Kunst des Telefonierens, dieses Gefühl zu erzeugen."

„Aber John, ich habe nicht die leiseste Ahnung, was das mit den Karikaturen zu tun hat", sagte ich.

„Nur Geduld, Sie werden noch darauf kommen. Persönliche Beziehungen gründen sich zu einem großen Teil auf ein Gefühl von ‚Gleichheit'. Menschen fühlen sich ihnen ähnlichen Menschen am nächsten. Wir können das aus der Art entnehmen, wie man Menschen beschreibt, mit denen man sich anfreundet: Wir sehen das genauso, wir sprechen einfach eine Sprache, ich fühle mich in ihrer Nähe einfach wohl, weil es überhaupt keine Probleme zwischen uns gibt. Das sind gebräuchliche Beschreibungen. Wir *spiegeln* bewußt oder unbewußt dem anderen, daß wir ihm ähnlich genug sind, um ihn zu verstehen.

Ich könnte Ihnen zum Beispiel von meinen Kindern erzählen, und Sie als Vater könnten meine Erfahrungen mit folgenden Worten bestätigen: ‚Ich habe auch zwei Kinder, ich weiß ganz genau, was Sie sagen wollen!'"

Am Telefon kann man
sich um seine Geschäfte
kümmern und gleichzeitig
Spaß haben.
Die Geschäfte werden dadurch
sogar besser laufen.

„Es gibt verschiedene Arten, etwas zu spiegeln“, fuhr er fort und sprudelte seine Informationen mit der Begeisterung eines kleinen Jungen heraus, „der Kleidungsstil, die Hobbys oder Lieblingssportarten, die Überzeugungen (seien sie nun religiös, politisch oder philosophisch), gemeinsame Erfahrungen (zum Beispiel der Wehrdienst oder eine Studentengruppe) und so weiter. Das sind die Ecksteine, das Fundament, auf denen Freundschaften, persönliche Beziehungen, Telefongespräche oder ganz allgemein Kommunikation aufgebaut sind. Diese Konstruktion besteht zum Teil aus Worten. Aber die Informationen über unsere Ähnlichkeit werden nicht nur durch das übermittelt, *was* wir sagen, sondern auch durch die Art, *wie wir es sagen*. Verstehen Sie das?“

„Nun ja, so ungefähr“, antwortete ich.

„Was würden Sie empfinden, wenn ich Sie zornig anschaue und Sie anschreie, daß ich Sie liebe?“

„Daß Sie wütend auf mich sind.“

„Selbst wenn meine Worte sagen: ‚Ich liebe dich‘?“

„Ja.“

„Richtig! Einige Forscher schätzen, daß nur *sieben Prozent* einer Information durch Worte übertragen werden, *38 Prozent* dagegen durch den Tonfall. Die restlichen *55 Prozent* werden durch unsere Körpersprache ausgedrückt. Weil Telefongesprächen naturgemäß diese letzten *55 Prozent* fehlen, ist es hier noch wichtiger, *Tonfall, Lautstärke, Sprechgeschwindigkeit und Klangfarbe* beim Sprechen optimal einzusetzen.“

John griff noch einmal in einen seiner Bücherstapel und reichte mir ein Buch. Es hieß „Der heilende Klang“ und war von Leah Maggie Garfield. „Schauen Sie einmal hinein“, schlug John vor. Ich schlug das Buch bei einem Lesezeichen auf. Sofort fielen mir einige Abschnitte auf:

,,Die Tonqualität unserer Sprache sagt unterschwellig mehr über uns aus als unsere tatsächlich ausgesprochenen Worte. Die Stimme macht einen großen Teil unserer Persönlichkeit aus...

Ein gesunder Mensch spricht mit abwechslungsreicher, klarer, voller Stimme, in der Tonfall und Worte zusammenpassen. Die flüsternde Stimme von schüchternen Menschen, die brüchige Stimme von angsterfüllten oder gestreßten Personen und den lauten Tonfall von jemandem, der Sie fertigmachen will, kann man nicht falsch deuten. Der abgerundete, volle Stimmklang eines Menschen, der ernsthaft an seine Pläne glaubt und seinem inneren Licht folgt, ist ganz deutlich von der versteckten Überheblichkeit des Super-Geschäftsmanns zu unterscheiden, der Sie nur so lange in seinen Klauen behalten will, bis er Ihr Geld bekommen hat.“

So deutlich hatte ich das noch nie von jemandem gesagt bekommen. Diese kurzen Sätze beschrieben genau meine Gedanken, genau das, was Johns Worte von einem üblichen Verkaufsgespräch unterschieden. Ich hatte mich immer für einen realistischen Menschen gehalten, und das hier klang ein wenig nach mystischem Hokuspokus. Aber vielleicht folgte John ja wirklich seinem ,,inneren Licht“.

Während ich diese neuen Informationen und die Gedankengänge, die sie auslösten, verdaute, sprach John mit ungetrübtem Enthusiasmus weiter. Dieser Mann besaß eine ansteckende Energie. Er war leidenschaftlich von seinen Worten überzeugt!

,,Wenn das, was die Wissenschaftler und Pioniere dieses neuen, dynamischen Wissensgebiets behaupten, wahr ist, daß die Menschen wirklich verschiedene Sprachen sprechen, *worauf* sollten wir dann hören, damit wir auf ihre persönliche und bevorzugte Art und Weise antworten können und *ihr Ohr gewinnen*? Wie können wir sofort ein Vertrauensverhältnis herstellen und die Effektivität unserer Kommunikation dramatisch steigern, damit sie uns im entscheidenden Augenblick *zuhören wollen*?"

Ich sagte mit einer theatralischen Geste: „Ich gebe es auf."

„Wenn Sie anfangen, anderen Menschen genau zuzuhören, werden Sie leicht alltägliche Sprechgewohnheiten erkennen, die ihre bevorzugte und meistgebrauchte ‚Sprache' anzeigen: ‚Ja, ich sehe schon.' – ‚Ich habe es jetzt deutlich vor Augen.' – ‚Wissen Sie, jetzt hat es bei mir geläutet.' – ‚Ja, das klingt gut.' – ‚Dabei habe ich aber gar kein gutes Gefühl.' – ‚Gute Idee. Wir sollten den Kontakt aufrechterhalten.'"

„Sprechen Sie weiter. Das ist ja faszinierend!"

„Und es geht noch weiter! Wir orientieren uns im Leben durch unsere Sinne und nehmen die Informationen über unsere Umwelt durch die Augen (visuell), die Ohren (auditiv) und den Tastsinn (kinästhetisch) auf. Auch wenn wir immer alle drei dieser neurologischen Systeme gebrauchen, deutet die Forschung an, daß wir alle eines davon bevorzugen: den Sinn, dem wir am meisten vertrauen oder den wir am meisten gebrauchen. Das ist wie die Bevorzugung der linken oder der rechten Hand."

An dieser Stelle unterbrach ich ihn: „John, wofür halten Sie mich, für auditiv, für visuell oder für kinästhetisch?"

„Bob, achten Sie von nun an genau auf Ihre Worte. Achten Sie darauf, welche Sätze Sie oft in Gesprächen verwenden. Es wird viel lohnender für Sie sein, wenn Sie selbst entdecken, welcher Typ Sie sind. Entdeckungen sind der Kern des Lernens. Aber lassen Sie mich fortfahren. Wenn jemand Italienisch, Griechisch und Französisch spricht und auch Sie alle diese Sprachen beherrschen, wäre es dann nicht sinnvoll, in *seiner* bevorzugten Sprache zu sprechen?"

„Aber sicher."

,,Würde sich der andere nicht mehr zu Hause fühlen und das Gefühl bekommen, Sie seien *genau wie er?*"

,,Ja."

,,Und schon haben Sie ein Vertrauensverhältnis hergestellt." John reichte mir ein paar Fotokopien von seinem Schreibtisch und sagte: ,,Hier haben Sie einige Anmerkungen über die drei Menschentypen am Telefon. Sie können Sie mitnehmen und später durchlesen. Vielleicht können Sie so leichter Ihren eigenen Typ bestimmen."

Dann zog er einen zusammengefalteten Briefbogen aus seiner Jackentasche und legte ihn oben auf die Notizen in meiner Hand. ,,Hier haben Sie eine Liste von Menschen, mit denen ich zusammengearbeitet habe und die ich für Telefon-Gurus halte – wenn wir sie einmal so nennen wollen. Jeder dieser Menschen wird Ihnen noch ein fehlendes Puzzleteilchen geben können, wenn Sie sich mit ihm unterhalten. Wenn Sie noch Fragen haben, dann rufen Sie mich einfach an."

,,John, jetzt stelle ich vielleicht eine dumme Frage. Warum tun Sie das alles für mich? Sie widmen mir doch viel Zeit und geben mir viele Informationen. Was haben Sie davon?"

Er dachte einen Moment nach und schien in private Erinnerungen einzutauchen, dann sagte er: ,,Bob, Sie erinnern mich daran, wie ich früher einmal war. Wie ich war, bevor ich erfuhr, daß man der ganzen Welt hilft, wenn man einem Menschen hilft." Nachträglich fügte er noch hinzu: ,,Ich bin auch noch etwas schuldig. Das ist meine Art, jemanden zu bezahlen, der mein Leben verändert hat. Dieser Mensch steht übrigens nicht auf Ihrer Liste. Sie können ihn nicht ausfindig machen, er ist mein Privatgeheimnis. Aber vielleicht werden Sie ihm eines Tages zufällig begegnen."

,,Das klingt aber geheimnisvoll!"

,,Geheimnisvoller, als Sie es sich vorstellen können. Viel geheimnisvoller."

John Deltones Telefonnotizen

Der Augen-Telefonierer (visueller Typ)

Wir wollen der Tatsache *ins Auge sehen*, der Augen-Telefonierer oder visuelle Typ würde ein persönliches Gespräch jedem Anruf vorziehen. Ein Telefongespräch beunruhigt ihn ein wenig, denn er kann seine bevorzugte Methode, Informationen zu erlangen, nicht einsetzen, wie zum Beispiel den Gesichtsausdruck oder die Körperhaltung des Gegenübers beobachten.

Wenn es um die Liebe geht, müssen Sie dem visuellen Menschen *zeigen*, wieviel er Ihnen bedeutet. Sie können es ihm so lange sagen, wie Sie wollen, es wird nicht funktionieren. Sie liegen nicht auf seiner „Wellenlänge".

Wenn Sie jemanden am Telefon haben, der schnell spricht (der visuelle Typ versucht, mit den Bildern in seinem Kopf Schritt zu halten), dann haben Sie es höchstwahrscheinlich mit einem Augen-Telefonierer zu tun. Es geht nicht nur darum, *was* jemand sagt, sondern auch darum, *wie* er es sagt. Er wird eher mit hoher Stimme und ein wenig näselnd oder angestrengt sprechen. Er neigt zu Wortschwällen, die manchmal so lange weitergehen, bis ihm der Atem ausgeht. Augen-Telefonierer sind Schnellsprecher.

Außer den Worten und der Art, wie sie ausgesprochen werden, gibt es noch andere Merkmale, auf die Sie achten müssen. Wenn Sie mit einem Maler, Fotografen, Innenarchitekten, Friseur, Verleger, Redakteur, Lektor, Kosmetiker und so weiter – das heißt einem Menschen mit einem weitgehend visuellen Beruf – telefonieren, dann haben Sie wahrscheinlich einen Augen-Telefonierer am anderen Ende der Leitung. Wenn Sie ihm etwa ein Auto verkaufen wollen, dann wissen Sie, daß es ihm vor allem auf das *Aussehen* ankommt – weder auf das Fahrgeräusch, noch auf komfortable Sitze oder die Straßenlage.

Aus den Hobbys und den Freizeitaktivitäten können weitere Hinweise entnommen werden. Augen-Telefonierer lesen gerne, sehen fern, gehen ins Kino, Einkaufen oder gestalten ihre Wohnung, sammeln Dinge wie Briefmarken, Oldtimer, kunstvoll bemalte Eier oder ähnliches. Sind Sie inzwischen im Bilde?

Es folgt eine Reihe von Ausdrücken und Worten, die Ihr Augen-Telefonierer gerne benutzt:

analysieren
Anblick
anscheinend
Ansicht
Aspekt
Auge
Ausblick
ausmalen
beobachten
bildlich
bildschön
blicken
Blickwinkel
blinzeln
bloßes Auge
bunt
demonstrieren
direkt vor Augen
Dunkelheit
ein Bild für die Götter
eine andere Nuance
einen Blick dafür bekommen
einen Blick riskieren
eingeengter Blickwinkel
es sieht so aus
festnageln
fotografisches Gedächtnis
geistiges Bild
grau, hell
Horizont
Idee
Illusion
im Blick haben
im Licht von
inneres Auge
ins Auge fallen
ins Unendliche starren
inspizieren
klar abgegrenzt
Klarheit
lebendig
liebäugeln mit
mir scheint
nebelhaft
obskur
Perspektive
scheinbar
schleierhaft
schön
sehen
sonnenklar
Szene
Überblick
unklar
untersuchen
vage
verschwommen
Vision
vorhersehen
vorzeigen
weitsichtig
wohldefiniert
zeigen
Zeuge

Jetzt ist Ihnen alles „sonnenklar". Sie können nun damit anfangen, auf Ihren Augen-Telefonierer in seiner bevorzugten Art oder „Sprache" einzugehen, um ein Vertrauensverhältnis herzustellen und klar zu machen, daß Sie Ihm wirklich zuhören und ihn verstehen. Dazu ein paar Beispiele:

Aussage	**Beziehungsfördernde Antwort**
Ihr Vorschlag *sieht* ein wenig *verschwommen* aus.	Vielleicht kann ich ein wenig *Licht ins Dunkel* bringen.
Können Sie sich *ein Bild davon machen?*	Ja, ich sehe es *vor meinem geistigen Auge.*
Je länger ich das *betrachte,* desto mehr verwirrt es mich.	Wir müssen das Problem einmal aus einem *anderen Blickwinkel sehen.*
Es sieht aus, als ob wir auf eine *leuchtende Zukunft* zusteuern.	Das ist genau meine *Sichtweise.*
Sie ist solch eine *farbige* Persönlichkeit.	Durch Ihre Schilderungen bekomme ich ein *genaues Bild.*
Ich *sehe* eine gute Zusammenarbeit mit unserem neuen Partner *voraus.*	Wir sehen das anscheinend *mit denselben Augen.*

Der Ohren-Telefonierer (auditiver Typ)

Der Ohren-Telefonierer hört sich gerne sprechen. Er liebt Telefongespräche und hat eine hohe Fernmelderechnung. Wenn Sie dem auditiven Typ erklären können, wie etwas gemacht wird, dann versuchen Sie besser nicht es ihm zu zeigen. Er möchte, daß Sie es ihm *sagen*.

Ohren-Telefonierer sind besonders leicht zu erkennen. Sie sprechen mit rhythmischer, klangvoller Stimme, die tief aus dem Brustkorb zu kommen scheint, im Gegensatz zum Augen-Telefonierer, der aus dem Kehlkopf spricht. Sie sprechen langsamer als Augen-Telefonierer (die sich beeilen, als ob ihre letzte Stunde naht) und sind an dem besonderen, ,,melodiösen" Tonfall ihrer Stimme zu erkennen. Ohren-Telefonierer reagieren auf laute, unharmonische Geräusche oft irritiert. Schreien Sie nicht und sprechen Sie nicht mit schriller

Stimme, wenn Sie sie zum Zuhören bewegen wollen. Sie sind meistens redegewandt und drücken sich sehr sorgfältig aus. Richard Burton, Orson Welles oder John F. Kennedy sind einige Beispiele für Ohren-Menschen.

Ohren-Telefonierer verstehen ihre Umwelt durch die *Geräusche*, die die Dinge von sich geben, deshalb verwenden sie naturgemäß für die Kommunikation Worte, die diese Art der Wahrnehmung widerspiegeln. Sie verwenden gerne Ausdrücke wie: „Ich kann dich gut *verstehen*" oder „das *klingt* gut". In einem Telefongespräch mit einem Ohren-Telefonierer über den Urlaub am Meer werden die meisten seiner Kommentare und Beschreibungen sich auf die Klänge in seiner Umwelt konzentrieren: „Wir haben einen ungemein harmonischen Urlaub am Meer verbracht. Das Rollen der Brandung und die Schreie der Möven waren so entspannend. Ich wollte, wir hätten noch eine Woche bleiben können, statt in den Lärm der Stadt zurückzukehren."

Während sich der auditive Typ über die Geräusche am Strand begeistern kann, wird sein visuell orientierter Partner vielleicht erzählen, wie es am Strand *aussah*. „Oh, diese Farben am Himmel. Das hättest du sehen müssen. Dieses Rot und Rosa und Lila. Das war ein schöner Anblick."

Ohren-Telefonierer achten auf ihre Aussprache und nehmen sich die Zeit, jedes Wort genau zu artikulieren. Ihre Stimme hat eine unverkennbare Resonanz, ist klar und deutlich, sie machen größere Abstände zwischen den einzelnen Worten und durchdachte Pausen, die die Worte scheinbar in der Luft schweben lassen. Sie stellen die großen Redner, sind Rundfunksprecher, Sänger, Musiker, Rechtsanwälte, Lehrer und Tontechniker, aber möglicherweise auch Hi-Fi-Händler und -Techniker.

Sie füllen ihre Freizeit am liebsten mit Klängen: Sie gehen in Konzerte, führen Telefongespräche oder sind Amateurfunker, spielen Instrumente, hören Vorträge an, führen Selbstgespräche oder belauschen den Klatsch und die Gespräche anderer Menschen.

Im folgenden finden Sie eine Liste von Ausdrücken und Worten, mit denen auditive Typen oder Ohren-Telefonierer gerne ihre Gespräche würzen. Beachten Sie bitte, daß alle Begriffe in irgendeiner Weise mit Klängen zu tun haben:

aufpassen
ausgesprochen
ausplaudern
aussprechen
äußern
behaupten
Bemerkung
Bericht
besprechen
das höre ich gern
detailliert beschreiben
die Meinung sagen
dröhnend
erwähnen
erzählen
es läutet bei mir
es klingt mir in den Ohren
genau befragen
geräuschvoll
Gerücht
Gesprächsrunde
glockenrein
guter Ruf
Harmonie
hörbar
innere Stimme
in Rufweite
klangvoll
Klatschgeschichte
kommunizieren
krachend
lärmend
leihen Sie mir Ihr Ohr
leise
melodisch
mißtönend
mündlich
Musik in meinen Ohren
nie gehört
Plappermaul
quietschen
Redegewalt
röhren
Ruhe
sagen
schrill
Schweigen
sich unterhalten
singen
sprechen Sie es ruhig aus
Stimme
Tonfall
Tratsch
verborgene Botschaft
verkünden
Wort für Wort
zuhören
zusammenfassen

Da Sie jetzt einen Ohren-Telefonierer erkennen können, wenn Sie ihn hören, sehen Sie sich doch einmal die folgenden Beispiele dafür an, was er sagen könnte und welche Antworten Ihre Kommunikations- und Hörfähigkeiten zur höchsten Effektivität führen werden:

Aussage	**Beziehungsfördernde Antwort**
Das *klingt* mir aber nicht nach einem vernünftigen Vorschlag.	Man *könnte sagen,* daß Sie Recht haben.
Es herrschte solch eine *Harmonie* unter den Mitarbeitern.	Das kann man *wohl sagen.*
Als sie den Raum betrat, war ich *sprachlos.*	Sprechen Sie weiter, *ich bin ganz Ohr.*
Haben Sie eine *verborgene Botschaft* entdeckt?	Sein *Tonfall* deutete schon etwas an.
Der *Lärmpegel* im Klassenzimmer ist so hoch, daß man kaum auf den Lehrer achten kann.	Man könnte *Schreikrämpfe bekommen.*

Der Gefühls-Telefonierer (kinästhetischer Typ)

Ich möchte Ihnen ein echtes *Gefühl* dafür vermitteln, wie der Gefühls-Telefonierer die Realität *in den Griff* bekommt, wie er die Welt auf der Basis seiner Gefühle interpretiert. Er versteht Ihre Worte durch das Gefühl, das Sie in ihm auslösen. Auch für diesen Typ ist die Maxime ,,Nicht *was* man sagt, sondern wie man es sagt" zutreffend.

Die Entscheidungen des kinästhetischen Typs beruhen darauf, ob er ein gutes Gefühl bei einer Sache hat. Er ist auf seine Intuition angewiesen, die ,,aus dem Bauch" kommt. Erwarten Sie keine langen, wortreichen Erklärungen von ihm, denn der kinästhetische Typ hat Schwierigkeiten, seine Gefühle in Worte zu kleiden. Während er mit den Worten ringt, stößt er zahlreiche tiefe Seufzer aus. Er erwartet, daß Sie einer kleinen Berührung tröstende Worte entnehmen. Das funktioniert manchmal, besonders, wenn auch der andere kinästhetisch orientiert ist. Für eine visuell oder auditiv orientierte Person ist das aber nur eine leere Geste.

Wie Sie etwas am Telefon sagen,
ist wesentlich wichtiger
als das, was Sie sagen.
Kommunikation besteht zu
sieben Prozent aus Worten,
zu 38 Prozent aus dem Tonfall
und ist zu 55 Prozent nonverbal.

Wenn Sie fragen, ob ein Kinästhet mit Ihnen ins Kino gehen möchte, müssen Sie mit langen Pausen rechnen. Mit vielen ,,Ähs" und ,,Hms" versucht er, seine Gefühle so auszudrücken, daß sie auch der auditive oder visuelle Typ verstehen kann. Er verläßt sich weitgehend auf Metaphern, die eine physische Verankerung in der realen Welt haben: auf den Körper bezogene Erfahrungen von Gefühlen, Emotionen, Geruch und Geschmack.

Ein Spaziergang am Strand mit einem kinästhetisch orientierten Menschen würde hauptsächlich darauf hinauslaufen, wie sich der Sand zwischen den Zehen *anfühlt*, wie das Salzwasser *riecht*, wie der Wind im Gesicht und die Wärme Ihres Arms ein Gefühl auslösen, als verlöre man seinen Kopf. Haben Sie dieses Schema gut *begriffen*? Sie können einem Gefühls-Telefonierer nichts Schöneres sagen als: ,,Ich weiß, was Du *fühlst*." Worte allein genügen nicht, wenn sie ohne gefühlsmäßige Beteiligung ausgesprochen werden, bleiben sie leere Worthülsen.

In der Regel übt der Gefühls-Telefonierer folgende Berufe aus: Schreiner, Bildhauer, Bewegungstherapeut, Zahnarzt, Chirurg, Psychologe, Koch, Aerobiclehrer, Tanzlehrer, Masseur oder Sporttrainer. In seiner Freizeit raucht er gerne oder er tanzt, trinkt, ißt, segelt, taucht, läuft, hebt Gewichte, schwimmt, wandert, liegt in der Sonne oder nimmt lange heiße Bäder.

Am Telefon spricht er sehr langsam und macht lange Pausen. Die Art seiner Ausdrücke und Worte ist unverkennbar. Dazu gehören auch folgende Worte:

aalglatt
Ahnung
aktiv
angebunden
anschieben

Herzklopfen
Hitzkopf
ich kann Ihnen nicht folgen
im Kern
in den Griff bekommen

Anspannung
auf unsicherem Boden
Aufgabe
aufrollen
aus dem Kopf schlagen
ausstrecken
ausquetschen
Berührung
betroffen
Bewegung
Bindung
bleib dran
den Rücken freihalten
die Fäden ziehen
die Karten auf den Tisch legen
Druck
drunter und drüber
Durcheinander
durchhängen
ein Gefühl dafür haben
eiskalt
es kratzt mich nicht
etwas abbekommen
etwas am Hals haben
festmachen
fließen
fühlen
Fundament
Gedränge
gewußt wie
halt die Ohren steif
Hand anlegen
Hand in Hand
handhaben
heiße Diskussion

in Kontakt kommen
Intuition
kalt
konkret
lauwarm
leichtfertig
messerscharf
niedergeschlagen
oberflächlich
rastlos
rauh
reiß dich zusammen
rennen
Satz
sauer
schmerzhaft
Schrecksekunde
schwere Zunge
sein Päckchen tragen
sensibel
so, so
solide Basis
Streß
umschalten
unerträglich
unter der Hand
Unterbrechung
unter Druck setzen
Unterstützung
verletzt
verständislos
warm
Weichling
zu viel Hektik
Zugriff
zupackend

Wie antwortet man einem Kinästheten, um zu bestmöglichen Ergebnissen zu kommen? Fühlen Sie sich doch einmal in die folgenden Dialoge ein:

Aussage	**Beziehungsfördernde Antwort**
In Bezug auf unseren neuen Chef habe ich ein *gutes Gefühl.*	Ich hatte schon so eine *Ahnung,* daß Sie das so empfinden.
Sie kann sich einfach nicht *in den Griff bekommen.*	Das kann für einen *sensiblen* Menschen unter diesem *Druck* aber auch schwer sein.
Es hat mich richtig *durcheinandergebracht,* daß ich so lange im Stau festsaß.	Da hilft nur eines: den *Kopf nicht verlieren.*
Damit komme ich nicht zurecht, das ist mir einfach zu *schwer.*	Vielleicht können wir das Problem zusammen am Telefon *durchgehen.*

Wichtig: Jeder Mensch benutzt alle drei Formen der Kommunikation. In Zweifelsfällen können Sie einfach die sogenannte „Schrotladung" einsetzen, das heißt, benutzen Sie alle drei Kommunikationsmuster. Wenn Sie zum Beispiel ein Haus verkaufen möchten, könnten Sie folgendermaßen vorgehen: „Das Haus ist genau das, was Sie suchen. Es hat so elegante Stuckornamente, einen weißen, schmiedeeisernen Zaun und liegt in einer malerischen Umgebung, in einer stillen Nebenstraße weitab vom Verkehrslärm. Sie werden sich dort sicher wohlfühlen. Sie müssen es fühlen, damit Sie es glauben. Haben Sie heute nachmittag Zeit?"

Was kann da noch passieren?

Das Beste an diesem Konzept ist, daß Sie lernen können, sich mit jeder der drei Kommunikationstypen am Telefon wohlzufühlen und sich mühelos, elegant, natürlich und mit Würde auf Ihren bevorzugten Kommunikationsstil einstellen können.

Effektiv zu kommunizieren wird Ihre zweite Natur werden, und genau das ist unser Ziel. Sie wollen sich doch sicher nicht beim Zuhören ständig Sorgen machen: ,,Ist er jetzt ein Augen-Telefonierer? Nein, er klingt mehr nach einem Ohren-Telefonierer. Oder doch nicht? Ich habe einfach kein Gespür dafür, das verwirrt mich nur.'' Gewinnen Sie *Vertrauen zu sich selbst*. Vertrauen Sie darauf, daß Sie nach dieser Lektüre und mit ein wenig Übung ein besserer und effektiverer Kommunikator sind, der die Kunst des Telefonierens beherrscht.

O'Ryans Telefonnotizen

1. Denken Sie daran, daß sich schier unendliche Möglichkeiten für Sie eröffnen, wenn Sie den Telefonhörer aufnehmen.

2. Vermeiden Sie es, ein Telefon-Snob zu sein. Fragen Sie jeden Gesprächsteilnehmer nach seinem Namen, selbst wenn Sie ursprünglich jemand anderen erreichen wollten. Das ist persönlicher und höflicher. Menschen sind keine Maschinen.

3. Wenn Sie gut zuhören, setzen Sie im Gesprächspartner Kräfte frei, die ihn verändern können. Entwickeln Sie ein aufrichtiges Interesse für den Menschen am anderen Ende der Leitung. Seien Sie an anderen Menschen interessiert. Jeder hat seine Geschichte. Selbst wenn Sie Ihren Gesprächspartner für durchschnittlich halten und glauben, daß er gar nichts Interessantes zu sagen hat, werden Sie in den meisten Fällen Unrecht haben und möglicherweise eine positive Erfahrung verpassen.

4. Es gibt drei Telefontypen: den Augen-Telefonierer (visuell), den Ohren-Telefonierer (auditiv) und den Gefühls-Telefonierer (kinästhetisch). Sie können lernen, am Telefon „dieselbe Sprache" wie Ihr Gesprächspartner zu sprechen und so zu besseren Ergebnissen kommen.

5. Die Kommunikationsforschung hat gezeigt, daß es nicht darauf ankommt, *was wir sagen, sondern wie wir es sagen*. Sieben Prozent der Information werden durch Worte, 38 Prozent durch den Tonfall und 55 Prozent durch die Körpersprache übermittelt. Da die telefonische Kommunikation nicht von Angesicht zu Angesicht stattfindet, sind

die beiden ersten Faktoren die wichtigsten. Der Tonfall und die Aussprache können viel mehr verraten als Worte.

6. Sprechen Sie am Telefon so, als hätten Sie unbegrenzt Zeit, selbst wenn Sie unter Druck stehen. Sollte es sich um einen Notfall handeln, dann sagen Sie es.

7. Wenn Sie Zweifel haben, mit welchem Telefontyp Sie sprechen, dann vertrauen Sie einfach auf Ihre Intuition. Sie werden überrascht sein, wie gut Sie sie leitet.

8. Denken Sie daran: Die Einteilung in drei Telefon-Typen ist nicht mehr als eine nützliche Verallgemeinerung. Jeder wendet alle drei Wahrnehmungsebenen an, hat aber einen bevorzugten Wahrnehmungskanal. Auch Sie haben zwei Hände, benutzen aber die meiste Zeit nur eine. Entweder die rechte oder die linke Hand dominiert.

Kapitel 3
Gespielte Natürlichkeit – oder: Wie ich lernte, am Telefon überzeugend zu wirken

Diese neuen Informationen von John Deltone schienen mir das große Geheimnis zu enthalten. Das war es also! Die Menschen sprechen verschiedene Sprachen! Ich saß im Zug, voller Begeisterung und mit neuen Instrumenten ausgerüstet. Es paßte alles so gut zusammen! Wenn man ein Vertrauensverhältnis zu jemandem aufbauen will, dann spricht man natürlich französisch mit ihm, wenn er ein Franzose ist und man seine Sprache beherrscht. Das gehörte, wie John betont hatte, zu den Grundbegriffen der Höflichkeit.

Ich brannte darauf, Sheryl das alles zu erzählen. Ich war fest davon überzeugt, sie würde meine Begeisterung teilen. Ich erlebte eine herbe Enttäuschung.

Auf der Zugfahrt dachte ich über Johns Vorschläge nach. Ich versuchte herauszufinden, ob Sheryl zu den augen-, ohren- oder kinästhetisch orientierten Menschen gehörte. Es kam mir einfacher vor, erst einmal herauszufinden, in welche Gruppe eine mir nahestehende Person gehörte, bevor ich mich selbst einstufte.

Nach kurzem Nachdenken fiel mir auf, daß meine Frau ständig über Gefühle redet. Sie wirft mir immer vor, daß ich kaum über meine Gefühle spreche. Deshalb nahm ich mir vor, mit ihr in kinästhetischen Begriffen zu sprechen, als ich das Haus betrat.

„Hallo Schatz", sagte ich mit tieferer Stimme als üblich

und umarmte sie. Ich sagte: „O Liebling, es ist so schön, dich in meinen Armen zu fühlen!"

Sie schob mich von sich und fragte mit kritischen Blicken: „Was hast du angestellt, mein Lieber?"

Ich lachte nervös: „Was soll denn das heißen?"

„Was ist los? Was hast du angestellt?" Dann zeigte sie auf ihren Mund und sagte: „Lies es notfalls von meinen Lippen ab!"

„Nichts, ich war den ganzen Nachmittag bei John."

„Ich weiß, das hast du mir schon am Telefon erzählt. Du klingst so komisch. Was willst du vor mir verstecken? Da ist irgend etwas, ich fühle es."

„Also doch", dachte ich. „Sie gehört zum kinästhetischen Typ!" Also versuchte ich, mich an eine der Redewendungen des Gefühls-Telefonierers zu erinnern und antwortete: „Ja, laß mich eben den Mantel ausziehen, und dann werde ich versuchen, mit deinen Gefühlen in Kontakt zu kommen."

„Was ist los? Jetzt bin ich aber ganz sicher! So redest du sonst nie!"

Jetzt blieb mir nichts mehr übrig, als laut zu lachen. Ich ließ mich auf die Couch fallen und erzählte ihr alles über mein Gespräch mit John. Ich erklärte ihr so gut wie möglich die verschiedenen Sprachen, die Menschen sprechen. Ich zeigte ihr die Blätter, die John mir mitgegeben hatte.

„Das ist wirklich interessant", sagte sie. „Aber ich glaube nicht, daß du damit besser kommunizieren kannst, vor allem nicht am Telefon."

Damit nahm sie mir allen Wind aus den Segeln!

Ich trat den Rückzug an und sagte: „Aber du kannst doch besonders gut mit dem Telefon umgehen. Wo liegt denn deiner Meinung nach das Geheimnis?"

Sheryl muß meinen beleidigten Gesichtsausdruck bemerkt haben (manchmal bin ich ganz leicht zu verletzen). Sie erhob sich aus ihrem Lieblingssessel, setzte sich neben mich, tätschelte mir sanft das Knie und küßte mich auf die Wange. „Tut mir leid, du hattest einen harten Tag – sollen wir erst einmal etwas essen?“ fragte sie und stand auf.

„Einen Moment noch“, sagte ich. „Könntest du noch eben meine Frage beantworten? Was ist deiner Meinung nach der entscheidende Faktor für eine gute Kommunikation? Es interessiert mich jetzt nicht, ob es am Telefon oder im persönlichen Gespräch ist.“

Sheryl machte ein nachdenkliches Gesicht und antwortete nach kurzem Überlegen: „Ja, ich weiß es nicht genau, aber es muß auf jeden Fall natürlich sein.“

„Natürlich?“

„Natürlich“, wiederholte sie mit einem freundlichen Lächeln. „Schau mich an, n-a-t-ü-r-l-i-c-h.“

„Das verstehe ich nicht“, mußte ich zugeben.

„Ich glaube, man sollte auf keinen Fall nur eine Technik erlernen. Die Leute werden sich abwenden, bevor du auch nur einmal Luft holen kannst.“

„Aber John sagt, daß es bei vielen Leuten funktioniert!“

„Ja, aber was beim einen Wunder wirkt, funktioniert beim anderen noch lange nicht. Nicht alles klappt bei jedem unter allen Umständen.“

„Genial“, sagte ich und zog sofort mein Notizbuch hervor, um meine Telefonnotizen zu ergänzen.

„Siehst du, jetzt versuchst du schon wieder, eine Technik festzuhalten. Das ist, als würdest du die Kleidung eines anderen tragen. Du kannst zwar den Kleidungsstil eines anderen nachahmen, aber seine Kleider werden dir nie perfekt passen. Leg dein Notizbuch weg, sei ganz locker und vor allem du selbst. Jeder wird merken, wenn du ihm oder ihr etwas vorspielst. Man wird sofort Anstoß daran nehmen.“

Ich mußte ihr zustimmen. „Ja, das hat John auch gesagt.

Daß die menschliche Kommunikation nur zu zehn Prozent verbal und zu 90 Prozent nonverbal ist; daß es wichtiger ist, wie man etwas sagt als was man sagt."

,,Du kannst Ehrlichkeit nicht vortäuschen. Genau das will ich sagen! Ich weiß nicht genau, was John meint, aber ich kann dir etwas über dich erzählen!"

,,Was denn?" fragte ich.

,,Vergiß nicht, daß ich dich liebe und dir helfen möchte. Schatz, du gibst dir zuviel Mühe. Du bist genau richtig so wie du bist. Hör auf, dich so zu bemühen und du wirst es erkennen. Du wirst dann sogar Johns Telefontechniken anwenden können und nicht so wirken, als ob du einen anderen kopierst. Du wirst einfach du selbst sein. Glaub mir das, oder willst du etwa behaupten, ich hätte eine eingeschränkte Urteilsfähigkeit. Schließlich habe ich einmal beschlossen, dich zu heiraten! Du wirst mich doch wohl nicht beleidigen wollen?"

Ich lächelte sie an: ,,Nein, natürlich nicht!"

,,Na also, und jetzt essen wir, danach werden wir uns beide besser fühlen."

Wir beschlossen, nach dem Abendessen einen alten Film mit Cary Grant anzusehen.

Gary Grant ist ein vorbildlich lockerer Sprecher. Er wirkt so natürlich, so unangestrengt. Bei ihm sieht alles so einfach aus!

Während des Films schlief Sheryl mit dem Kopf auf meiner Schulter ein. (So weit zu Cary Grants Fähigkeit, einen Menschen wach zu halten!) Ich legte sanft ihren Kopf auf die Lehne, deckte sie mit einer Decke zu und stand auf. Ich mußte einfach mit John sprechen. Ich war verwirrt. Beim Wählen fragte ich mich, ob ich ihn eigentlich am Freitagabend um neun Uhr anrufen dürfte.

Er nahm den Hörer auf, und ich hörte das inzwischen vertraute, warme ,,Hallo?"

,,Hallo, John, hier ist Bob O'Ryan. Ich muß einfach mit Ihnen sprechen. Haben Sie einen Augenblick Zeit?"

John klang beschäftigt: ,,Nein, im Augenblick wirklich nicht. Ich muß gleich gehen." Es entstand ein kurzes Schweigen, und als ich mich gerade für die Störung entschuldigen wollte, sagte er in etwas freundlicherem Tonfall: ,,Aber bis dahin können wir noch ein wenig plaudern."

Ich berichtete, was nach meiner Heimkehr und nachdem ich Sheryl von den drei Kategorien erzählt hatte, geschehen war.

John hörte aufmerksam zu und antwortete, nachdem ich fertig war: ,,Ich habe eine gute und eine schlechte Nachricht für Sie. Was möchten Sie zuerst hören?"

,,Zuerst die schlechte Nachricht."

,,Sie sind doch ein echter Pessimist", sagte er lachend. ,,Also das Schlimmste zuerst: Ihre Frau hat recht."

,,Tja, und die gute Nachricht?"

,,Sie hat Unrecht", sagte er mit gleichem Nachdruck.

Jetzt war ich völlig verwirrt. ,,Aber John, der Abend war schon hart genug. Wovon sprechen Sie eigentlich?"

,,Aber, aber, mein Freund, das war kein harter Abend. Sie sind ein bißchen verwirrt, das ist alles."

,,Ja, aber ich tue mein Bestes, um Ihre Anregungen in die Tat umzusetzen."

,,Das ist zwar bewundernswert, aber Sie geben sich zu viel Mühe."

,,Genau das hat meine Frau auch gesagt."

,,Ich habe ja schließlich auch gesagt, daß sie Recht hat."

,,Ja?"

,,Hören Sie mir einmal gut zu. Sie sind auf dem richtigen Weg. Machen Sie sich keine Sorgen, bleiben Sie ganz locker."

,,Sie haben gut reden!"

,,Das stimmt."

Die Kunst des Telefonierens zu erlernen ist ein allmählicher Vorgang, kein plötzliches Ereignis. Sie werden niemals völlig perfekt sein.

Es entstand ein kurzes Schweigen.

,,John?"

,,Ja, ich bin noch da."

,,Hilfe!" schrie ich mit gespielter Verzweiflung.

,,Sheryl ist da auf einen sehr wichtigen Aspekt gestoßen. Sie müssen einfach natürlich klingen oder *kongruent*, wie wir es nennen. Sonst wirkt alles was Sie sagen falsch. Aber Ihrer Frau ist nicht klar, daß das ,Vorspielen' dazugehört, wenn man sich ein neues Verhalten aneignen will."

,,Ich kann Ihnen nicht ganz folgen. Noch einmal, bitte."

,,Warten Sie bitte einen Moment", sagte er. Das machte mich unsicher – ich konnte es noch immer nicht ertragen, am Telefon zu warten.

Es dauerte einige Minuten, bis er zurückkam und sagte: ,,Ich habe einen Artikel aus ,Psychology Today' vom Januar 1987 geholt. Er berichtet über ein Experiment, das in Großbritannien mit einer Gruppe von lernbehinderten Kindern im Alter von sechs bis zehn Jahren durchgeführt wurde. Sie wurden einem Intelligenztest unterzogen. Dem Artikel zufolge bat der britische Psychologe Robert Hartley die Testpersonen, beim Test so zu tun, als seien sie außergewöhnlich intelligent und schlau. Er kam zu ganz erstaunlichen Ergebnissen.

Zusammenfassend kann man sagen, daß die lernbehinderten Kinder im Test genausogut abschnitten wie diejenigen, die vorher bessere Testergebnisse gehabt hatten. Als sie von ihren außergewöhnlichen Leistungen erfuhren, sagte eines der Kinder: ,Das war ich gar nicht. Ich habe nur vorgespielt, ich wäre schlau. In Wirklichkeit bin ich dumm.' Ist das nicht erstaunlich?

Man kann den Weg an die Spitze auch vortäuschen! In anderen Worten: Sei, tue, denke, handle, fühle, ziehe dich an, bewege dich, sprich und gehe, als hättest du schon dein Ziel erreicht, und in dir werden Reserven angezapft, die den Wunsch tatsächlich wahr machen. Das funktioniert, weil Körper und Geist den Unterschied zwischen Schein und Wirklichkeit nicht kennen. Sie werden es erleben, wenn Sie daran glauben.“

„Das verstehe ich nicht.“

„Nun ja, solange Sie sich nicht über das Gewohnte hinaus *ausstrecken*, solange Sie das eingefahrene Gleis nicht verlassen, können Sie nicht wachsen. Stürzen Sie sich in eine neue Situation, und Sie werden Kräfte und Talente in sich entdecken, von denen Sie nicht einmal zu träumen wagten. Ich habe eine großartige Idee. Haben Sie die Liste mit den Telefon-Künstlern, die ich Ihnen gegeben habe?“

„Ja, sie liegt vor mir.“

„Sehr gut, dann besuchen Sie die erste Person auf der Liste. Sie heißt Milly und arbeitet beim Krisentelefon. Außerdem ist sie zufällig meine älteste Tochter.“

O'Ryans Telefonnotizen

1. Wichtiger als jede erlernbare Telefontechnik ist Ihre Natürlichkeit.

2. Haben Sie Geduld mit sich selbst, wenn Sie irgend etwas Neues lernen. Es braucht Zeit, neue Informationen aufzunehmen. Bemühen Sie sich nicht zu angestrengt. Lernen ist ein Vorgang, kein Ereignis.

3. Weil Körper und Geist den Unterschied zwischen Vorstellung und Realität nicht kennen, können Sie derjenige sein, der Sie sein wollen. *Glauben Sie daran, und Sie werden es erleben.*

4. Sein, tun, denken, handeln, sich kleiden, gehen, sprechen und fühlen, als ob Sie ihr Ziel schon erreicht hätten, beflügelt die notwendigen unbewußten Kräfte, um ein neues Verhaltensmuster zu übernehmen.

5. Von Kindheit an ahmen wir das Verhalten anderer Menschen nach. Die Nachahmung ist ein wirksames Instrument, wenn wir sie bewußt einsetzen. Es gibt nichts, was ein anderer kann und Sie nicht!

6. Wenn Sie „a" sagen und „b" tun, sind Sie nicht kongruent.

7. Vergessen Sie nicht, daß *nicht bei jedem alles unter allen Umständen funktioniert*. Wenn Sie das gewünschte Ergebnis nicht erzielen, dann setzen Sie neue, andere Instrumente, Techniken und Strategien ein.

Kapitel 4
Ganz cool am heißen Draht

Während ich die Stufen zu dem kleinen zweistöckigen Haus hinaufstieg, fiel mir ein Schwarzes Brett mit zahlreichen handgeschriebenen Zetteln auf, die Mitfahrgelegenheiten, Aushilfsjobs, Dienstleistungen, Wohnungen, Tiere, Mitbewohner und vieles mehr suchten oder anboten. Im schwindenden Licht des Spätnachmittags konnte ich gerade noch erkennen, daß alle Zettel mit einer Telefonnummer endeten. ,,Aha, das allgegenwärtige Telefon, in jedem Lebensbereich'', dachte ich.

In dem hellerleuchteten Raum im Erdgeschoß erstreckte sich ein langer Tisch von einer Wand zur anderen und teilte ihn in zwei Bereiche. Dahinter saßen drei Personen, alle mit einem Telefonhörer am Ohr.

Das war ganz eindeutig das Krisentelefon, bei dem Johns Tochter Milly zwei Mal in der Woche ehrenamtlich arbeitete. Ich war bei der ersten Adresse von Johns Liste angekommen. Hinter dem langen Tisch hing ein Schild mit der Aufschrift:

> Technik ist das, was übrigbleibt,
> wenn die Inspiration versagt.

Das Zitat stammte von einem gewissen R. Nurejew, wer mochte er nur sein, ein Unternehmensberater vielleicht? Während ich noch versuchte, den Namen einzuordnen, schaute ich die Frau an, die mir am nächsten saß.

Sie hatte ein rundes Gesicht und graumelierte Haare, die zu einem Knoten gebunden waren. Rund um die Augen strahlten tiefe Lachfalten. Sie sprach gerade in den Hörer: ,,In Ordnung, Jason, wir haben jetzt über einiges sprechen können, was dich belastet, vielleicht solltest du jetzt einmal über die verschiedenen Möglichkeiten nachdenken, mit denen du deinen Eltern deine Entdeckungen mitteilen könntest. Ja natürlich, sie dürfen mich anrufen.“

Sie hörte etwa eine Minute lang aufmerksam zu und lächelte mich dabei an, dann sprach sie weiter: „Es war richtig, uns anzurufen. Wenn du noch einmal mit jemandem darüber sprechen möchtest, dann ruf uns doch an. Dafür sind wir da. Und es darf auch mitten in der Nacht sein . . . Ruf uns an, wenn du mit jemandem sprechen mußt oder einfach einen Zuhörer brauchst. Einverstanden?“

Dann hörte sie noch einige Augenblicke zu. „O, also darüber möchtest du gleich jetzt sprechen. Gut, warte einen Augenblick, ich hole mir gerade einen bequemeren Stuhl. Wir werden wohl ein längeres Gespräch führen müssen. Aber bleib bitte dran, ich komme sofort zurück.“

Sie drückte auf den Warteknopf und strich ein paar widerspenstige Haare aus dem Gesicht. Sie schaute mich wieder lächelnd an. Ich mußte einfach zurücklächeln, es war ansteckend.

„Hallo, kann ich etwas für Sie tun?“

„Ja, ich glaube doch. Ich suche Milly Deltone.“

„Milly steckt gerade mitten in einem Telefongespräch. Ich weiß nicht, wie lange es noch dauert. Haben Sie ein dringendes Anliegen? Vielleicht kann Ihnen sonst jemand helfen.“

„Nein, es ist kein Notfall. Ich könnte einfach ein paar Minuten hierbleiben und auf sie warten, wenn das niemanden stört.“

„Natürlich stört das keinen. Ich heiße Paula Zbnewski – ja, ich weiß, wie kommt eine nette Japanerin wie ich nur zu solch einem Namen? Das ist eine lange Geschichte, aber Sie dürfen mich einfach Paula nennen, jeder hier nennt mich so. Ich schreibe kurz eine Notiz für Milly – sie sitzt dort drüben in der Ecke am grünen Telefon – und gebe sie ihr rüber, damit sie weiß, daß Sie da sind. Wie heißen Sie?“

All das brach im Maschinengewehrtempo aus ihr heraus, deshalb brauchte ich einen Augenblick, bis ich merkte, daß ich eine Frage beantworten sollte.

„Bob O'Ryan."

„Erwartet Milly Sie?"

„Ich glaube. Ihr Vater hat ihr wahrscheinlich erzählt, daß ich kurz vorbeischauen werde. Ich wollte etwas über das Training für das Krisentelefon erfahren."

„Gut, aber ich muß jetzt zu meinem Anrufer zurück. Da steht eine Kanne Kaffee, bedienen Sie sich einfach, und wenn Milly nicht bald fertig ist, dann können wir ja ein bißchen plaudern. Vielleicht kann ich Ihnen auch einige Fragen beantworten. Das heißt, natürlich erst wenn ich mit meinem Anruf fertig bin. In Ordnung?"

„Ja sicher", sagte ich, obwohl ich nach diesem Maschinengewehr-Monolog nicht ganz sicher war, zu was ich ja sagte. Sie war mit Sicherheit eine Endlos-Sprecherin. Aber sie hatte auch dafür gesorgt, daß ich mich herzlich willkommen fühlte, und sie hatte schnell und effizient herausgefunden, wie ich hieß, was ich wollte und ob ich ein dringendes Anliegen hatte. Obwohl sie ganz offensichtlich gerade ein wichtiges Gespräch führte, hatte ich das Gefühl, daß sie mir 100 Prozent ihrer Aufmerksamkeit gewidmet hatte. Dabei hatte das ganze Gespräch kaum eine Minute gedauert!

An den Wänden hingen Listen mit wichtigen örtlichen Telefonnummern, darunter befanden sich verschiedene Sozialdienste, Polizeiwachen und die Feuerwehr, ärztliche Notdienste, Drogenberatungsstellen, die Anonymen Alkoholiker und auch Frauenhäuser. Dieses Zimmer war ein gut durchorganisiertes Chaos, es ging zu wie in einem Bienenschwarm. Jeder wußte, was er zu tun hatte, ohne dabei dem anderen in die Quere zu kommen. Außerdem hingen noch einige Sprüche an der Wand. Einer lautete:

Jeder baut Mist. Es kommt nicht darauf an, was einem passiert, sondern was man daraus macht.

Ein anderes Schild sagte: ,,Höre zu. Denke nach. Biete Hilfe an. Urteile nicht und sage anderen nicht, was sie tun sollen. Es ist deine Aufgabe, für jeden Anrufer *da zu sein.*"

Die Telefone läuteten ständig. Ich schaute zu Milly hinüber. Ich hätte sie auch erkannt, wenn Paula nicht auf sie gedeutet hätte. Sie hatte die grünen Augen ihres Vaters, seine hohen Wangenknochen und das starke Kinn geerbt.

Als sie schließlich auflegte, rief sie: ,,Hallo, Mr. O'Ryan. Ich komme gleich zu Ihnen." Sie machte einige Minuten lang Eintragungen in ein Heft, dann kam sie um den Tisch herum und schüttelte meine Hand.

,,Sie dürfen mich ruhig Bob nennen", sagte ich. Milly war anscheinend eine ernsthafte junge Dame. Mir fiel ein, daß John erzählt hatte, sie arbeite an einer Doktorarbeit in einem speziellen Zweig der Mathematik, der ,,Chaostheorie".

,,Ich hoffe, Sie haben uns problemlos gefunden", sagte sie. ,,Ich konnte das Gespräch nicht schneller beenden. Es war ein Anruf am grünen Telefon, dem Selbstmordtelefon, und diese Gespräche darf ich auf keinen Fall abbrechen. Ich habe schon oft mit dieser Frau gesprochen; sie leidet häufig unter Depressionen.

Ich muß in jedem Augenblick des Gesprächs meine ,Antennen' vollständig ausgefahren lassen, um festzustellen, ob jemand wirklich an Selbstmord denkt oder nicht. Wenn ich glaube, daß er es ernsthaft plant, dann muß ich das Gespräch weiterführen und gleichzeitig dafür sorgen, daß jemand die Polizei und einen Krankenwagen anruft. Im anderen Fall muß ich solange mit dem Anrufer sprechen, bis er sich so weit beruhigt hat, daß er am nächsten Tag zu einem Therapeuten oder Sozialarbeiter gehen kann."

,,Was tun Sie eigentlich, überwinden Sie Depressionen mit Witzen?" fragte ich mit einem nervösen Lachen.

,,Oh nein, das wäre unangebracht. Selbst wenn Sie oder ich die Probleme eines anderen für trivial oder dumm halten, ist der Anrufer doch von ihnen überwältigt. Er muß wissen, daß ein anderer mit ihm fühlt und seinen Problemen zuhört, ohne sie zu verniedlichen."

,,Ja, das leuchtet mir ein. Aber man sagt doch, daß jemand, der mit Selbstmord droht, das niemals ernst meint?"

,,Das denken viele, aber es stimmt nicht. Oft ist der Anruf bei uns ein letzter Hilferuf. Wir tragen eine große Verantwortung. Man bekommt direkt Ehrfurcht vor dem Telefon." Sie richtete sich bei diesen Worten ein wenig auf.

,,Woher wissen Sie eigentlich, welche Reaktion die richtige ist?"

,,Wir müssen besonders sorgfältig zuhören und die Situation mit bestimmten Testfragen klären, um festzustellen, in welchem Zustand sich der Anrufer befindet. Ein Teil unseres Fortgeschrittenentrainings heißt ‚Mit dem dritten Ohr zuhören'. Dort lernen wir, die Worte jenseits der Worte zu verstehen."

,,Die Worte jenseits der Worte . . . das gefällt mir."

,,Jede Botschaft hat viele Bedeutungsebenen. Wir müssen uns selbst schulen, möglichst viele dieser Informationen zu erfassen, sei es nun bewußt oder unbewußt. Einige unserer erfahrensten Mitarbeiter wissen nach einigen Minuten am Telefon, ob ein Anrufer sitzt, steht oder liegt, und das, ohne ihn danach zu fragen!"

,,Das ist ja kaum zu glauben, aber im Augenblick versuche ich, für alles offen zu sein. Ich weiß nicht, ob Ihr Vater davon erzählt hat, aber ich bin auf der Suche nach der ‚Telefonerleuchtung' und an jedem Trick und jeder Technik interessiert, mit denen ich das Telefon beherrschen lerne."

„Ich werde Ihnen gerne alles sagen, was ich weiß, aber vergessen Sie nicht, was der große Tänzer Nurejew gesagt hat."

Aber natürlich, Nurejew war ein Tänzer! Es war klar, daß er einiges über Technik und Inspiration wissen mußte. Genau in diesem Augenblick läutete ein Telefon, und Milly nahm den Anruf an. Sie schlug vor, ich solle mich inzwischen ein wenig umschauen. Ich setzte mich in einen großen Sessel in Paulas Nähe.

Sie hielt den Hörer aufmerksam mit geschlossenen Augen ans Ohr und sagte nichts. Nur ab und zu murmelte sie „Hm" oder „ach ja, und dann?" Auch ihr Tonfall hatte sich verändert. Sie klang fast wie eine Mutter, die ihren Kindern eine Gute-Nacht-Geschichte erzählt. Ich war bis dahin immer stolz auf meine Menschenkenntnis gewesen. Paula hatte ich in die Schublade „Quasselstrippe" eingeordnet.

Milly sprach noch immer, als Paula schließlich ihr Gespräch beendete. Sie kam zu mir und setzte sich neben mich. „Das war ein Fünfzehnjähriger, der mit seinen Eltern nicht darüber reden kann, daß sie zuviel trinken. Er hat angedroht, von zu Hause wegzulaufen. Zur Zeit ist wirklich viel los! Das ist bei Vollmond immer so. Machen Sie Fortschritte, Bob? Konnten Sie schon mit Milly sprechen? Also, was führt Sie zu uns? Oh, einen Augenblick, ich hole mir schnell eine Tasse Tee und dann – vorausgesetzt, das Telefon klingelt nicht schon wieder – können wir ein wenig plaudern."

Ich hatte doch recht, diese Frau war wirklich ein Plappermaul. Ich folgte ihr. „Ich versuche herauszufinden, wie ich das Telefon effektiver einsetzen kann, und Millys Vater hat mir geraten, seine Tochter nach dem Geheimrezept des Krisentelefons zu fragen."

Paula mußte lachen. „Wir haben hier keine Geheimnisse. Jedenfalls nicht, soweit es unsere Fähigkeiten am Telefon betrifft. Unser nächstes Krisentelefon-Training findet in zwei

Monaten statt. Es wäre schön, wenn Sie mitmachen würden, wir suchen immer freiwillige Helfer. Sie werden Ihren Spaß haben, dazu noch einige unserer ‚besonderen Fähigkeiten' erlernen und schließlich einer Menge Menschen helfen können."

Neue Dinge zu lernen und anderen Menschen helfen zu können klang verlockend, aber Gespräche mit potentiellen Selbstmördern und Teenagern zu führen, die drohten von zu Hause auszureißen, kam meiner Vorstellung von Spaß nicht eben nahe. „Och, ich weiß nicht, ich muß noch darüber nachdenken. Aber ich würde Sie gerne etwas fragen . . ." Während ich noch die richtigen Worte suchte, fühlte ich einen Augenblick lang wieder meinen Mangel an Selbstvertrauen.

Sie drehte sich um und schaute mich an. „Sprechen Sie ruhig weiter. Ich kann Ihre Frage entweder beantworten oder auch nicht, aber wenn Sie Ihre Frage nicht stellen, werden wir es nie wissen." Wir mußten beide lachen.

„Es geht nur darum: Von Angesicht zu Angesicht sind Sie so gesprächig, aber als ich Ihnen vorhin beim Telefonieren zuhörte, haben Sie fast nichts gesagt."

„Das haben Sie richtig beobachtet, ich rede sehr gerne. Das gehört einfach zu meinem Wesen. Ich mußte lernen, wann Reden angebracht ist und wann nicht. Sehen Sie her", sagte sie und zeigte auf den Umschlag ihres Notizbuchs. Ich sah ein handgezeichnetes Dreieck.

„Das ist das LAF-Dreieck.«

„Das Laff-Dreieck?"

„Nein, L-A-F. Die Buchstaben stehen für Liebe, Angemessenheit und Flexibilität. Egal, welche Strategie ich am Telefon einsetze, ihr liegt immer die Sorge um den Menschen am anderen Ende der Leitung zugrunde. Außerdem sind bestimmte Verhaltensweisen in manchen Situationen einfach nicht angemessen. Wenn jemand Dampf ablassen will, dann möchte er, daß ich zuhöre und nicht, daß ich auf seine Pro-

Sie haben keinen Einfluß
darauf, was Ihnen andere am
Telefon erzählen. Aber Sie
können bestimmen, was Sie damit
machen – wie Sie darauf
reagieren.

bleme mit einem einstudierten Text reagiere. Schließlich muß ich flexibel genug sein, um mich anzupassen. Wenn etwas, was ich tue, nicht funktioniert, dann muß ich meine Taktik ändern.“

„Also, wie vermeiden Sie es, solch ein . . .“, sagte ich und brach den Satz ab.

„Plappermaul zu sein?“

Das Blut schoß mir ins Gesicht. Konnte sie Gedanken lesen? Aber Paula lachte. „Das ist ganz einfach. Ich habe mir einen einfachen Satz gemerkt, den ich innerlich immer wieder wiederhole. Ich sage: ‚Ganz ruhig, Paula.‘ Immer, wenn ich hier Dienst tue und meinen Mund öffne, sage ich mir zuerst: ‚Ganz ruhig, Paula.‘ Wenn das, was ich sagen will, angemessen ist, dann spreche ich es aus, sonst behalte ich es für mich. Und natürlich höre ich zu. Die meisten unserer Anrufer wollen nichts über mich hören, sie wollen über sich selbst erzählen.“

„Aber wenn Sie gar nichts sagen, denkt dann nicht jeder, Sie hörten nicht zu?“

„Aber nein, überhaupt nicht. Nichts zu sagen kann sogar ein Zeichen dafür sein, daß man jemanden so akzeptiert, wie er ist, und das ist etwas, was unsere Anrufer zu Hause oft vermissen. Das Gefühl, akzeptiert zu werden, ermutigt viele, sich selbst realistischer zu sehen und herauszufinden, wie sie innerlich wachsen und sich verändern können. Andererseits haben wir oft Anrufer, die schüchtern und zurückhaltend sind. Wir werden extra geschult, auch *aktiv zuzuhören*, was einem Dialog wesentlich näher kommt.“

Paula zog ein Blatt Papier aus einer Schublade und gab es mir. Es enthielt folgende Merksätze:

1. Achte immer darauf, was der andere zu sagen hat.
2. Sei einfühlsam und versuche ein Vertrauensverhältnis herzustellen, um deinem Gesprächspartner zu helfen. Schon morgen könnte sein Problem dein Problem sein.
3. Die Gefühle und Weltanschauung des anderen sind heilig. Was er als wahr betrachtet, ist für ihn wahr. Du mußt dich damit auseinandersetzen, selbst wenn es dir unlogisch vorkommt.
4. Setze voraus, daß jeder Mensch fähig ist, sich zu verändern. Es ist nicht deine Aufgabe, ihn wie eine Maschine zu reparieren, damit er wieder funktioniert. Laß den anderen selbständig nach einer Alternative suchen und respektiere sie. Das gibt ihm Kraft.
5. Was wir sehen, hören und fühlen ist nur ein Teil der Wirklichkeit. In gewissem Sinne sind alle Wahrnehmungen ungenau und vorläufig. Habe Geduld, sie werden sich verändern.
6. Jeder Mensch hat seine Geschichte, seinen Mythos. Kratze nur ein wenig an der Oberfläche, und auch der normalste Mensch wird eine aufregende Geschichte haben.

„Carl Rogers", fuhr Paula fort „hat gesagt, daß die drei wichtigsten Bestandteile in jeder Kommunikation *Einfühlungsvermögen, Echtheit* und *bedingungslose, positive Anteilnahme* sind."

Ich erinnerte mich, daß auch John Deltone ein Zitat von Carl Rogers über die Kraft des Zuhörens an der Wand hängen hatte.

„Auch wenn man bestimmte Telefonfähigkeiten erlernen kann, erfordert wirklich effektive Kommunikation am Telefon Kreativität und Inspiration."

„Das ist leicht gesagt, aber wie kann ich kreativ und inspiriert sein, wenn ich am Telefon geradezu gelähmt bin? Ich habe oft Angst, daß ich die richtigen Worte nicht finden werde."

„Das wichtigste ist das Selbstvertrauen. Sie sind viel klüger, als Sie meinen. Vertrauen Sie Ihrer inneren Stimme, und Sie werden im richtigen Moment die richtigen Worte finden. Und dann: Atmen Sie tief durch, wenn Sie eine Inspiration brauchen."

„Durchatmen?"

„Ja, machen Sie ein paar tiefe, bewußte Atemzüge, bevor Sie sprechen, während Sie zuhören oder noch ehe Sie den Hörer abnehmen. Das wird Sie nicht nur beruhigen, es wird auch Ihre Stimme etwas tiefer machen. Wußten Sie, daß ‚Inspiration' ursprünglich ‚Einatmen' bedeutete?"

Während ich noch diese letzte, kleine Offenbarung verdaute, läutete schon wieder das Telefon. Paula drückte mir die Hand, entschuldigte sich und ging zum Telefon. Ich sah mich um und entdeckte Milly. Sie hatte ihren Anruf beendet und kam auf mich zu.

„Sie haben also gerade mit Paula gesprochen – oder vielmehr, ihr zugehört?"

„Ja, sie ist schon ein ganz erstaunlicher Mensch. Wissen Sie, ihr Vater ist auch ein feiner Kerl. Er hat mir wirklich sehr weitergeholfen.

Er sagte, ich solle Sie fragen, wer hier am perfektesten mit dem Telefon umgeht, damit ich mich an ihn wenden kann."

Milly kicherte. „Mr. O'Ryan, Sie müssen nicht mehr weitersuchen. Sie haben eben mit dieser Person gesprochen. Haben Sie schon einmal den Satz gehört: ‚Mit einem silbernen

Wenig oder gar nichts zu
sagen, kann manchmal die
wirkungsvollste Art der
Kommunikation in einem
Telefongespräch sein.

Löffel im Mund geboren werden?‘ Nun ja, wir sagen hier, Paula wurde mit einem silbernen Hörer im Ohr geboren. Wenn Sie die Ansichten eines Telefon-Experten kennenlernen wollten, dann haben Sie genau mit der richtigen Person gesprochen.“

O'Ryans Telefonnotizen

1. Technik ist zwar notwendig, aber Inspiration ist durch nichts zu ersetzen. Haben Sie Selbstvertrauen.

2. Wenn Sie jemanden am Telefon warten lassen müssen, dann teilen Sie ihm mit, für wie lange er warten muß. Wenn es doch länger dauert als erwartet, sagen Sie Bescheid. Wartende fühlen sich dann am Telefon nicht so angespannt.

3. Selbst wenn Sie nur wenig Zeit haben, widmen Sie dem Gesprächspartner 100 Prozent Ihrer Aufmerksamkeit. Hektik ist meistens selbstgeschaffen und kann dementsprechend verhältnismäßig leicht vermieden werden.

4. Lernen Sie, den Worten jenseits der Worte zuzuhören. Stellen Sie sich vor, Sie hätten eine Antenne, die Sie ausfahren können, um alle Informationen, auch die unausgesprochenen, eines Gesprächs auffangen zu können. Kommunikation findet auf vielen Ebenen statt. Lernen Sie, mit Ihrem dritten Ohr zuzuhören.

5. Denken Sie an das LAF-Dreieck: Liebe, Angemessenheit und Flexibilität. Ihr Gesprächspartner spürt, ob er Ihnen wirklich etwas bedeutet. Machen Sie sich bewußt, wann Ihr Verhalten oder Ihre Reaktionen angemessen sind. Seien Sie im anderen Fall flexibel genug, auf die Strategie umzuschalten, die die besten Ergebnisse verspricht. *Wenn Sie immer das tun, was Sie schon immer getan haben, dann werden Sie auch immer die Resultate erzielen, die Sie schon immer erzielt haben.*

6. Wenig oder gar nichts zu sagen, kann manchmal ein sehr wirksames Kommunikationsinstrument sein. Schweigen kann bedeutungsvoll und warmherzig sein oder kalt und abweisend.

7. *Denken Sie an Ihre Atmung.* Atmen Sie vor jedem Telefonat tief durch.

Kapitel 5
Auch ein Telefon hat Gefühle – Mit dem Telefon Freundschaft schließen

Seit meinem Besuch beim Krisentelefon waren zwei Wochen vergangen. Mit Johns Tips zu den drei Telefontypen sowie Millys und Paulas Ratschlägen zur Kunst des Zuhörens hatte ich das Gefühl, die Geheimnisse des Telefons schon deutlich besser zu kennen. Bei geschäftlichen Anrufen hatte ich wesentlich mehr Spaß am Telefon, und meine Umsätze stiegen.

Ich dachte daran, John anzurufen und ihm einen Zwischenbericht zu geben. Ich griff zum Telefon und wählte seine Nummer, ohne auch nur einen Augenblick zu zögern. Nach zweimaligem Klingeln hörte ich seine Stimme: ,,John Deltone."

Ich war sehr überrascht. ,,Hallo, John, hier ist Bob O'Ryan. Ich hatte nicht mit Ihnen gerechnet. Ich dachte, Martha nimmt alle Ihre Anrufe an."

,,Martha macht gerade Mittagspause, und warum sollte ich nicht selbst Anrufe annehmen, wenn ich gerade Zeit habe? Außerdem könnte ich einen wichtigen Anruf verpassen, wie Ihren zum Beispiel, und das möchte ich vermeiden." Plötzlich erschien das Bild des lächelnden John vor meinem geistigen Auge, er hatte Recht gehabt. Er hatte mir erzählt, daß man jemanden am Telefon lächeln ,,hören" kann, und genau das war mir gerade passiert.

,,Also, Bob, wie geht es Ihnen?"

,,Ja, ich habe ein paar hochinteressante Wochen hinter mir, um es untertrieben zu formulieren. Mit Ihrer Hilfe habe ich gewaltige Fortschritte gemacht. Aber ich habe noch ein paar kleine Probleme."

,,Zum Beispiel?"

,,Obwohl ich theoretisch alles verstehe, was Sie mir über das Telefon erzählt haben, schrecke ich trotzdem immer wieder davor zurück, es einzusetzen. Ich fürchte, ich stehe kurz vor einem Rückfall.“

,,Das ist nichts Außergewöhnliches. Was gibt es sonst noch?“

,,Wie soll ich es sagen, es scheint mir, daß es zu viele Mißverständnisse gibt. Ich will damit sagen, daß, selbst wenn ich einen Kunden erreicht habe und glaube, wir hätten uns geeinigt, er doch oft eine völlig andere Vorstellung von unserem Geschäft hat. Es ist frustrierend, so viel Energie in ein Gespräch zu stecken und keine Erfolge zu sehen.“

,,Bob, ich glaube, es ist für Sie an der Zeit, Dr. Randolfs Seminar zu besuchen. Jerry Randolf gehört zu meinen ältesten Freunden. Er steht auch auf Ihrer Liste, und er wird sicher einige Ihrer Fragen beantworten können. Jerry veranstaltet am Freitagabend ein Intensivseminar. Soll ich ihn anrufen und versuchen, Sie als meinen Gast im Seminar unterzubringen?“

Ich warf einen schnellen Blick in meinen Terminkalender. ,,Das klingt großartig, und ich habe am Freitag Zeit. Aber wenn Sie zu beschäftigt sind, kann ich Dr. Randolf auch gerne selbst anrufen.“

,,Es ist ja erfreulich, wie sich ein Teil Ihrer alten Abneigung gegen das Telefon in Luft aufgelöst hat. Aber ich möchte selbst diesen Anruf führen, das ist für mich gleichzeitig auch eine Gelegenheit, mit Jerry zu plaudern. Wir haben da einiges nachzuholen. Ich rufe Sie später wieder an und teile Ihnen die Einzelheiten mit.“

John hielt Wort und rief zurück; er hatte mich als seinen Gast im Seminar untergebracht. Außerdem lud er mich ein, ihn am darauffolgenden Wochenende auf eine Geschäftsreise nach Washington zu begleiten. Dort sollte ich die nächste Person auf seiner Liste kennenlernen, einen gewissen Dr. Eugene Ferrara.

An besagtem Freitag fand ich mich in der Lobby eines erstklassigen Hotels in der Innenstadt wieder. Über dem Eingang zu einem der Konferenzsäle hing ein handgeschriebenes Schild, das lautete: „Freundschaft mit dem Telefon schließen." Nachdem ich ein Formular ausgefüllt und ein Namensschild erhalten hatte, ging ich in den Saal und setzte mich in eine der vorderen Reihen. Der Rest des Publikums bestand aus etwa 40 bis 50 gutgekleideten Männern und Frauen jeden Alters.

Die kleine Bühne an der Vorderseite des Saals bot einen merkwürdigen Anblick. In der Mitte befand sich ein Rednerpult mit einem schweren, schwarzen, altmodischen Telefon darauf. Dahinter stand eine große Tafel. Auf einer Seite stand ein langer Tisch mit etwa zwei Dutzend verschiedenen Telefonen, auf der anderen Seite ein Stuhl und ein etwa 1,80 m hohes Papptelefon.

An einer Seite der Bühne war gerade ein kleiner, kahlköpfiger Mann mit einem Schnurrbart in ein lebhaftes Gespräch mit einigen jungen Manager-Typen in feinen Anzügen vertieft. Er schaute auf die Uhr, sagte noch einige Worte, sprang dann auf die Bühne und klatschte in die Hände.

„Hallo, ich bin Jerry Randolf. Nennen Sie mich einfach Jerry. Ich kann es gar nicht erwarten, endlich anzufangen, wir werden viel Spaß miteinander haben." Er drehte sich um, ging zur Tafel und schrieb: „Auf je 100 Einwohner der USA kommen 56 Telefone. Washington hat 130 Telefone pro 100 Einwohner. Die Amerikaner führen 188 Milliarden Telefongespräche im Jahr. Und manchmal glaube ich, daß meine vierzehnjährige Tochter die Hälfte davon führt."

Das Publikum lachte.

„Und diese statistischen Daten", fuhr er fort, „sind einige

Jahre alt. Die Telekommunikation entwickelt sich so rapide, daß ich keine neueren Daten bekommen konnte. Wie dem auch sei, eines ist offensichtlich: Wir sind eine Gesellschaft, die in hohem Maße vom Telefon abhängig ist. Jeder hat zumindest ein Telefon, und jeder sollte wissen, wie er es seinen Fähigkeiten gemäß am besten einsetzen kann. Zu Beginn möchte ich Ihnen einige Fragen stellen.“ Sein eindringlicher Blick schweifte über die Zuhörer.

„Was sind Ihre spontanen Gedanken und Gefühle, wenn das Telefon läutet? Wenn Sie ein Telefonat führen müssen, spüren Sie dann in sich eine freudige Erwartung oder ist Ihnen der Gedanke ans Telefonieren so unangenehm, daß Ihnen tausend Gründe einfallen, es aufzuschieben?“

Ich fühlte, wie mir die Röte ins Gesicht stieg. Hatte John ihm etwa alles über mich erzählt? Plötzlich fiel mir auf, daß auch eine Reihe der anderen Zuhörer unruhig auf den Sitzen hin- und herrutschte. Vereinzelt war nervöses Gelächter zu hören. Natürlich stand ich mit meinen Telefonproblemen nicht allein da! Jeder der Anwesenden nahm an diesem Seminar teil, weil er mit seinen Leistungen am Telefon nicht zufrieden war.

„Es gibt einfache und wirksame Methoden, um unsere negativen Gefühle gegenüber dem Telefon in positive umzuwandeln. Und heute werden wir einige davon kennenlernen.“ Er legte eine Pause ein und sagte dann: „Bitte, ich brauche einen Freiwilligen.“

Eine schlanke, junge Frau in der ersten Reihe hob den Arm.

„Danke, Renee“, sagte er mit einem leichten Blinzeln, als er sich bemühte, ihr Namensschild zu entziffern. „Könnten Sie bitte auf die Bühne kommen?“

Während Renee die Stufen zur Bühne hinaufstieg, griff Jerry unter das Rednerpult. Er mußte einen Schalter betätigt haben, denn als nächstes fing ein Telefon an zu läu-

Falls das eigene Verhalten oder
die eigenen Reaktionen nicht
angemessen sind, muß man so flexibel
sein, sie zu ändern, je nachdem,
welche Telefon-Strategie
die besten Resultate verspricht.

ten – eben das, welches auf dem Rednerpult stand. Renee sah ein wenig erschrocken aus.

Jerry drehte sich um und zwinkerte dem Publikum zu. ,,Renee, würden Sie bitte den Telefonhörer abnehmen.“

Während Renee noch zögerte, sagte Jerry zu uns Zuschauern: ,,Schauen Sie bitte genau hin, und hören Sie sorgfältig zu.“

Das Telefon hörte nicht auf zu klingeln. Renees Schultern zogen sich zusammen und ihre Nase kräuselte sich, als würde sie etwas Unangenehmes riechen. Schließlich ging sie doch zum Telefon, nahm den Hörer ab und sagte: ,,Hallo?“ Ihre Stimme wurde eindeutig höher.

Jerry ging zu einem der anderen Telefone und sagte: ,,Hallo, Renee, ich bin's, Jerry Randolph. Wie geht es Ihnen?“

,,Och, ganz gut, obwohl ich hier auf der Bühne ein bißchen nervös bin.“

,,Es geht Ihnen gut, und Sie sind gleichzeitig etwas nervös? Gut, Renee, warum setzen Sie sich nicht hin? Vielleicht geht es Ihnen dann schon etwas besser.“

Beim Sitzen überkreuzte sie die Beine und stützte den Ellenbogen ihres rechten Arms mit der linken Hand ab. Kopf und Schultern waren vornübergebeugt.

,,Sind Sie soweit, Renee?“

,,Ja, Herr Dr. Randolph.“

,,Könnten Sie mir vielleicht erzählen, warum Sie unser Seminar besuchen? Übrigens, nennen Sie mich doch einfach Jerry.“

,,Ich fühle mich am Telefon einfach nicht wohl, Jerry. Ich habe *immer* Angst davor, am Telefon mit anderen Menschen zu sprechen. Ich möchte lernen, wie man bessere Telefongespräche führt.“

,,Aha, Sie sind also hier, weil Sie lernen möchten, bessere

Telefongespräche zu führen. Bis jetzt hatten Sie also Angst davor, mit anderen Menschen am Telefon zu sprechen, weil Sie sich unwohl fühlten. Sie haben sich am Telefon noch nie wohl gefühlt. Nicht ein *einziges* Mal in Ihrem Leben?"

„Da habe ich wohl ein wenig übertrieben. Wenn ich mit meinem Mann oder anderen Familienmitgliedern spreche, fühle ich mich wohl. Wenn ich genau nachdenke, auch bei Gesprächen mit Freunden."

„Also sind es nur bestimmte Personengruppen, mit denen Sie Probleme haben."

„Das stimmt." Ein Lächeln blühte in ihrem Gesicht auf.

„Das ist aber schon ganz etwas anderes, als immer Angst zu haben und sich in jeder Situation unwohl zu fühlen, nicht wahr?"

„Ja, da haben Sie Recht. Ich fühle mich schon etwas besser."

„Schön, Sie haben die Prüfung bestanden und können nach Hause gehen!" Nachdem die Zuhörer aufgehört hatten zu lachen und nicht mehr applaudierten, fragte Jerry: „Was tun Sie beruflich, Renee?"

„Nun ja, ich leite einen Kindergarten. Ich liebe Kinder und kann hervorragend mit ihnen umgehen. Aber wenn die Eltern der Kinder anrufen, kann ich am Telefon einfach nicht mit ihnen sprechen."

„Sie können überhaupt nicht mit ihnen sprechen?"

„Ich habe keine Schwierigkeiten, wenn ich die Aktivitäten im Kindergarten oder meine Arbeit mit den Kindern beschreibe."

„Worüber genau können Sie dann nicht sprechen?"

„Eigentlich nur nicht über finanzielle Dinge. Wenn die Eltern nach den Kosten fragen oder zusätzliche Aktivitäten bezahlt werden müssen . . ., dann werde ich . . ., dann bekomme ich einfach kein Wort mehr heraus. Wenn die Eltern persönlich vorbeischauen und ich ein Gefühl für sie entwickle, ist alles einfacher. Aber am Telefon kann ich einfach nicht über Geld sprechen. Ich habe das Gefühl, es ist einfach zu schwierig."

Ich hatte Renee nach dem, was ich von John gelernt hatte, schon als kinästhetisch eingeordnet. Sie sprach langsam, mit leiser Stimme, zwischen den Worten entstanden große Pausen, und sie gab eine Reihe tiefer Seufzer von sich. Außerdem entstammten Ausdrücke wie „kein Wort herausbringen" und „ein Gefühl dafür bekommen" direkt meiner Wortschatzliste. Ich war neugierig auf Jerry Randolphs nächste Schritte.

„Sie würden also gerne Hinweise bekommen, wie man mit Erwachsenen am Telefon über Geld sprechen kann? Sie hätten doch sicher gerne konkrete Informationen, wie man dieses Problem systematisch angehen kann."

Aha, ich hatte Recht behalten. Auch Jerry hatte Renee als kinästethisch eingeschätzt und *antwortete ihr in ihrer Sprache*.

Renee streckte die Beine aus, richtete sich im Sitzen auf und ihre Gesichtszüge entspannten sich.

„Ja, genau das ist es. Ich sage mir immer, daß ich es beim nächsten Mal besser machen werde, aber es ist jedesmal das gleiche."

„Vielen Dank, Renee. Es war mir ein Vergnügen, mit Ihnen zu telefonieren, und ich hoffe, ich kann ihnen dabei helfen, das Problem in den Griff zu bekommen. Gemeinsam werden wir bestimmt ein paar konkrete und kreative Lösungsansätze finden."

„Vielen Dank, Herr Dr. Randolph." Sie legte den Hörer auf und setzte sich wieder ins Publikum.

„Also, werte Telefon-Rekruten, teilen Sie mir Ihre Beobachtungen mit. Bitte, Stanley?" Er schaute einen Mann im Rollkragenpullover an, der die Hand hob.

,,Renee hat so ein komisches Gesicht gezogen, als sie ans Telefon gehen mußte.“

,,Ja, sie sah nicht gerade glücklich aus. Weitere Beobachtungen?“

,,Mir ist aufgefallen, daß Sie am Anfang des Gesprächs Renees Sätze fast wörtlich wiederholt haben.“

,,Das stimmt genau, Stanley. Das nennen wir *,spiegeln'*. Wenn jemand unter Ihnen schon einmal einen Kurs für telefonische Beratungen mitgemacht hat, hat er das wahrscheinlich ganz am Anfang gelernt. Es gib keinen Weg, wie Sie jemanden mehr beruhigen können und ihm das Gefühl geben, daß Sie ihn besser verstehen, als seine eigenen Worte zu wiederholen. Außerdem hilft es, ein Vertrauensverhältnis herzustellen. Noch etwas?“

Meine Sitznachbarin rief: ,,Ihre ganze Körperhaltung wirkte angespannt. Am Anfang des Gesprächs sah sie fast wie verknotet aus. Danach folgte eine langsame Entspannung.“

,,Sehr gut, Lucy.“ Jerry strahlte über das ganze Gesicht. ,,Sie sind wirklich gute Beobachter. Es gibt verschiedene Methoden, die eigene Stimmung am Telefon zu beeinflussen. Dazu gehört, das Telefon vor einen Spiegel zu stellen. Beobachten Sie sich beim Gespräch. Achten Sie auf Ihr Gesicht – was sagt Ihr Gesichtsausdruck über Ihre Stimmung aus? Welche dieser Gefühle kommen *unausgesprochen* bei Ihrem Gesprächspartner an?

Achten Sie auch auf Ihre Körperhaltung. Verändern Sie Ihre Position? Wenn ja, in welchem Augenblick? Wann hat Renee ihre Sitzhaltung verändert?“

Ich hob die Hand: ,,Als Sie auf ihr Repräsentationssystem oder ihren Wahrnehmungskanal übergegangen sind?“

Jerry Randolph warf mir einen kurzen, durchdringenden Blick zu. ,,Sie sind also Bob O'Ryan, Johns Freund. Ich hätte gleich wissen müssen, daß er mir jemanden schickt, der kräftig bei mir *anläutet*", sagte er.

„Sie haben völlig recht, Bob. Ich weiß noch nicht, ob wir heute Abend Zeit für die Beschäftigung mit Repräsentationssystemen haben werden, deshalb bitte ich Sie alle, in der Pause mit Bob zu sprechen, wenn Sie mehr darüber wissen wollen."

Ich schluckte nervös. Das ging mir viel zu schnell. Ich war sozusagen über Nacht zum Experten avanciert.

„Nun, Renee", sagte er und wandte seine Aufmerksamkeit wieder von mir, „wenn Sie in den Spiegel schauen und sich dabei ertappen, wie Sie beim Telefonieren die Stirn runzeln, dann versuchen Sie es einmal mit folgendem Experiment. Ändern Sie Ihre Stimmung, indem Sie Ihre Gesichtsmuskeln arbeiten lassen. Ob Sie es glauben oder nicht – Ihre Gefühle werden sich Ihrem Gesichtsausdruck sofort anpassen. Ein Lächeln überträgt Nervenimpulse von der Gesichtsmuskulator zum Gefühlszentrum im Gehirn, dem sogenannten limbischen System. Durch die Anspannung der Gesichtsmuskeln kann ein Stirnrunzeln oder eine Grimasse Nervosität erzeugen.

All dies wird durch neuere Forschungen bestätigt. Psychologen haben herausgefunden, daß Veränderungen der Körperhaltung schnell und wirksam Stimmungsänderungen herbeiführen können. Viele unter uns werden schon wissen, daß Stimmungen den Körper beeinflussen. Depressionen zum Beispiel erhöhen die Anfälligkeit für bestimmte Krankheiten.

Die Körpersprache spiegelt – oft unbewußt – unsere Gedanken und Gefühle wider. Es ist Ihnen wahrscheinlich nicht klar, daß auch das Umgekehrte zutrifft. Ganz einfach ausgedrückt: Sie können Ihre Gefühle beeinflussen, indem Sie Ihre Körperhaltung und Ihren Gesichtsausdruck verändern."

Er ging zum Rednerpult, nahm den Telefonhörer in die Hand und setzte sich. Mir fiel auf, daß er dabei den Hörer so fest umklammerte, daß seine Fingerknöchel weiß wurden.

Sein Mund war verkniffen, die Augenbrauen waren gerunzelt und die Schultern fast bis zu den Ohren hochgezogen. Er hielt beinahe den Atem an.

„Was ist der Unterschied zwischen dem . . . und dem?“ Er lehnte sich wieder zurück und entspannte die Hände, den Mund, die Augenbrauen und die Schultern. Außerdem holte er tief Luft.

„Sie haben die Knoten gelöst“, rief jemand aus dem Publikum. „Sie haben sich entspannt.“

„Das stimmt genau. Und glauben Sie nicht auch, daß Ihr Gesprächspartner am anderen Ende der Leitung das merken wird? Man muß dazu kein Psychologe sein. In jedem Entspannungstraining lernt man, daß es unmöglich ist, einen angespannten Geist in einem entspannten Körper zu haben. Wir wollen jetzt nicht nur lernen, die Knoten in unseren Muskeln aufzulösen, sondern auch die Knoten in unserer Sprache zu lockern. Damit kommen wir zum nächsten Punkt. Wir wollen einmal sehen, wie wir Renees Sprache ein wenig säubern können.“

Ich fragte mich, was er damit meinte. Renee hatte schließlich nicht geflucht.

Jerry ging zur Tafel hinter dem Rednerpult und schrieb:

Fünf linguistische Gedächtnisstützen

„‚Die Struktur unserer Sprache beeinflußt die Funktion unseres Nervensystems.‘ Das hat ein Mann namens Alfred Korzybski gesagt. Denken Sie einmal darüber nach. Wir wissen, daß unsere Gefühle unsere Körperhaltung und unseren Gesichtsausdruck beeinflussen. Wir haben gerade erfahren, daß das auch andersherum funktioniert. Und nun, was vermuten Sie? Alles, was Sie gerade über Entspannung gehört haben, gilt auch für die Sprache. Wir alle wissen, daß unser Denken unsere Sprechweise beeinflußt. Zumindest glaube ich, daß wir alle das wissen. Aber vielen unter uns ist nicht in gleicher Weise bewußt, daß unsere Art zu sprechen auch Einfluß darauf hat, wie wir denken, fühlen und handeln."

Beim Sprechen hatte Jerry unter die Überschrift geschrieben:

1. Setzen Sie alle gegenwärtigen Probleme und negativen Selbstbilder in die Vergangenheitsform.

2. Ersetzen Sie „aber" durch „und".

3. Ersetzen Sie „Ich kann nicht" durch „Ich möchte nicht".

4. Ersetzen Sie „Ich sollte" durch „Ich könnte".

5. Gebrauchen Sie nie das Wort „versuchen".

„Weiß noch jemand, was Renee sagte, als ich sie nach den Gründen für ihren Seminarbesuch fragte?"

Eine ältere Frau hob die Hand und sagte: „Sie sagte, sie hätte Angst davor, am Telefon zu sprechen und daß sie sich am Telefon nicht wohlfühle."

„Nun, was ist passiert, als ich die Allgemeingültigkeit ihres *‚immer'* in Frage stellte?"

„Sie sah fröhlicher aus und nahm eine selbstbewußtere Haltung ein."

„Richtig. Wenn Renee die Gewohnheit annimmt, zu sagen: ‚Ich hatte *früher* Angst, am Telefon zu sprechen', ‚*bis zu diesem Moment* habe ich mich am Telefon nicht wohlgefühlt', dann ist sie auf einen Schlag frei für die Gegenwart und die Zukunft und kann neue, erfreulichere Verhaltensweisen annehmen und Fähigkeiten entdecken. Sie ist nicht mehr an ihre Vergangenheit gebunden. Sie kann in jedem Augenblick ihr Verhalten radikal ändern, denn auf der linguistischen Ebene hat sie das schon getan.

So, und nun zum zweiten Trick: Ersetzen Sie ‚aber' durch ‚und'."

Er ging zum Tisch, nahm eines der vielen Telefone in die Hand und trug es in den Saal. Er kam auf mich zu und überreichte es mir. „Bob, stellen wir uns einmal vor, Sie wollten mich anrufen. Sie sind ein . . . sagen wir einmal, ein Grafiker, und ich bin ein Art-direktor. Sie verfolgen zwei Absichten mit Ihrem Anruf. Erstens haben Sie uns einige Arbeiten eingereicht und wollen wissen, ob sie mir gefallen haben. Zweitens kennen Sie mich noch nicht persönlich und Sie wollen einen Termin mit mir vereinbaren. Alles klar?"

„In Ordnung." Ich nahm das Telefon, dachte an das eben Gelernte und tat einen tiefen Atemzug. Mir wurde meine Anspannung in Schultern und Nacken bewußt, deshalb ließ ich den Kopf sinken und rollte ihn von Seite zu Seite. Währenddessen ging Jerry zur Bühne zurück und nahm den Hörer eines Telefons auf. Zuvor hatte er es durch einen Knopfdruck zum Klingeln gebracht. Ich fühlte ein warmes Gefühl in meinem Bauch, statt des kalten Knotens, den ich oft gespürt hatte, wenn ich bis dahin das Telefon benutzen mußte.

„Jerry Randolph. Guten Tag."

„Hallo Jerry, hier spricht Bob O'Ryan. Ich wollte kurz nachfragen, ob Sie sich schon die Grafiken, die ich eingesandt habe, anschauen konnten."

„Ja, Bob, ich konnte schon einen Blick darauf werfen. Sie sind gut durchdacht und... ziemlich interessant. Sehr innovativ. Aber sie sind nicht das, was unsere Agentur im Augenblick braucht."

„Oh, das ist schade." Obwohl ich nur einen imaginären Charakter spielte, fühlte ich mich ein wenig niedergeschlagen und zurückgewiesen. „Ich dachte, ich könnte in dieser

Woche vielleicht einmal in Ihrer Agentur vorbeischauen und Sie kennenlernen. Ich habe noch eine ganze Menge Ideen, die ich Ihnen gerne zeigen würde."

„Das wäre schön, aber diese Woche habe ich wirklich keine Zeit."

„Nun gut, rufen Sie mich doch einfach an, wenn Sie wieder mehr Zeit haben."

„Gut, Bob. Wir müssen uns wirklich irgendwann einmal zum Essen verabreden. Alles Gute, und vielen Dank für die Skizzen. Ich schicke sie noch diese Woche zurück. Auf Wiederhören."

„Bis dann."

Jeder im Saal applaudierte. Ich war ganz stolz auf meine Leistung, und das auch noch vor wenigstens 50 Zuschauern. Und ich hatte einen Eindruck davon erhalten, was Jerry durch das Austauschen von „aber" mit „und" erreichen wollte.

„Nun, was habe ich tatsächlich damit erreicht, daß ich Bob erzählte, mir hätten seine Arbeiten gefallen, aber sie seien eigentlich nicht das, was meine Agentur gerade brauche?"

„Ich glaube, Bob hatte das Gefühl, das ‚aber' würde alles in Frage stellen, was vorher gesagt worden war."

„Stimmt genau. Wenn jemand etwas Unerfreuliches am Telefon mitteilen will, dann wird er wahrscheinlich zuerst etwas Zuckerguß darübergießen und dann auf die ‚Aber-Taste' drücken. ‚Aber' löst ein schizophrenes Gefühl aus, es spaltet die Dinge auf. ‚Und' dagegen stellt eine Verbindung her. Wenn ich nun gesagt hätte: ‚Ihre Arbeiten haben mir sehr gut gefallen und sie sind leider nicht das, was wir gerade brauchen', dann wäre das schon etwas ganz anderes gewesen. Das hätte den nächsten Satz offengelassen. Er hätte vielleicht lauten können: ‚Ich würde sie noch gerne hierbehalten. Vielleicht können wir sie für unser nächstes Projekt verwenden.' So oder ähnlich hätte ich fortfahren können."

Ein anderer Teilnehmer hob die Hand: „Mit der Verabredung für das Treffen war das genauso. Da haben Sie Bob erzählt, Sie würden ihn gerne kennenlernen, aber Sie hätten in der nächsten Woche wirklich keine Zeit."

„Richtig, wenn ich nun gesagt hätte: ‚Bob, ich würde Sie wirklich gerne kennenlernen, und ausgerechnet diese Woche habe ich überhaupt keine Zeit', dann deutet das linguistisch auf folgende Aussage hin: ‚Wie wäre es denn in der nächsten Woche?' Anstelle der wahren Bedeutung der ersten Aussage, ‚Ich habe wirklich keine Lust, Sie kennenzulernen', benutze ich jetzt eine höfliche Formel. Jeder tut das, um sein Gesicht zu wahren."

Stanley lachte: „Ich kenne das. Irgendwann müssen wir uns einmal zum Essen verabreden. Das heißt aber in Wirklichkeit ‚Ende der Unterredung. Hoffentlich begegnen wir uns nie, noch nicht einmal zufällig.'"

Auch Jerry mußte lachen. „Das haben Sie richtig erkannt. Wenn Sie jetzt einmal in die Mappen schauen, die jeder von Ihnen am Eingang erhalten hat, werden Sie die Kopie eines höchst interessanten Artikels aus der *New York Times* finden. Er heißt: ‚Ich möchte den Englischunterricht nicht kritisieren, aber . . .' und ist von Thomas R. Trowbridge. Wenn Sie diesen Artikel lesen, werden Sie feststellen, daß es in der Alltagssprache viele solche Wendungen gibt, die eine zweite, verletzende Bedeutung haben.

Und nun, um es noch einmal zusammenzufassen: Alle, die ein Tastentelefon haben, sollten die *‚Aber-Taste'* so selten wie möglich drücken.

Gibt es dazu noch weitere Fragen? Nein? Dann können wir uns dem nächsten Merksatz zuwenden: Ersetzen Sie ‚ich kann nicht' durch ‚ich möchte nicht'. Diesen Satz hat Renee schon angewandt. Wer unter uns hat ein besonders gutes Gedächtnis? Vielleicht wieder Marianne?"

,,Sie sagte: ‚Wenn die Eltern anrufen, kann ich am Telefon einfach nicht mit ihnen sprechen.'"

,,Marianne, Sie haben doch nicht etwa ein Tonbandgerät im Kopf?"

,,So etwas ähnliches. Ich konnte schon immer alles fast wörtlich wiederholen, was ich einmal gehört habe."

,,Das ist eine beneidenswerte Gabe! Ich möchte mich noch mit Ihnen unterhalten und feststellen, ob ich das vielleicht auch von Ihnen lernen kann. Das würde mir meine Arbeit sehr erleichtern. Aber was meinte Renee eigentlich, als sie sagte: ‚Ich kann nicht mit ihnen sprechen?' Tatsächlich spricht sie doch am Telefon mit ihnen. Wir wollen einmal ausprobieren, wie es klingt, wenn wir ‚ich möchte nicht' dafür einsetzen. Dann lautet der Satz: ‚Wenn Eltern anrufen, möchte ich nicht – oder auch, würde ich lieber nicht – mit ihnen am Telefon über Geld sprechen.'

‚Ich möchte nicht' ist eine Wendung, die neue Kraft verleiht. ‚Ich kann nicht' beschreibt eine Unmöglichkeit. Sie haben gar keine andere Wahl. Es ist nicht daran zu rütteln, egal, was es ist. ‚Ich möchte nicht' bedeutet, ‚ich kann', aber aus Gründen, die mir noch nicht klar sind, habe ich mich dagegen entschieden." Jerry schaute Renee an.

,,Leuchtet Ihnen das ein?"

Renee nickte bedächtig.

,,Ich habe so eine Ahnung, Renee, daß Sie mit einem ganz anderen Gefühl ans Telefon gehen würden, wenn Sie die Eltern so betrachten würden, als ob Sie genausoviel Liebe und Zuneigung bräuchten wie die Kinder, auf die Sie aufpassen.

Wir sind jetzt beim vierten Punkt angekommen: ‚Ersetzen Sie *sollte* durch *könnte*'. Weder Renee noch Bob benutzten den ‚kleinen Diktator', wie ich das Wort ‚sollte' gerne nenne. ‚Sollte' sagt Ihnen, daß Sie dies tun müssen, daß Sie das tun müssen, und wenn Sie es nicht tun, dann sind Sie ein schlechter

Mensch und müssen sich schuldig fühlen. Wenn wir ‚ich sollte‘ sagen, setzen wir uns selbst unter Druck. Denken Sie einmal darüber nach. Es gibt nur weniges, was man wirklich tun sollte. Sie sind erwachsen, Sie entscheiden selbst über Ihre eigenen Maßstäbe und Pflichten. Andererseits ist ‚ich könnte‘ eine weitere Wendung, die Ihnen neue Kraft verleiht. Dieser Ausdruck verleiht Wahlmöglichkeiten und gibt uns die Kontrolle über das eigene Leben zurück.

Sie müssen nicht zum Telefon gehen, nur weil es läutet. Denken Sie einmal darüber nach. Immer, wenn das Telefon klingelt, können Sie sich sagen: ‚Ich könnte den Hörer abnehmen.‘ Oder wie steht es mit Rückrufen? Statt zu sagen: ‚Ich sollte Frau X zurückrufen‘, können Sie auch sagen: ‚Ich könnte sie zurückrufen.‘ So bleibt Ihnen die freie Wahl.“

Während ich Jerry zuhörte, dachte ich über meinen eigenen Sprachgebrauch nach. Ich bemerkte, daß auch ich mich oft mit dem Wörtchen „sollte“ unter Druck setzte. Das waren wichtige, neue Informationen; ich konnte es kaum erwarten, einige dieser Einsichten in die Praxis umzusetzen.

„Der letzte *und* keineswegs unwichtigste Punkt . . .“, sagte Jerry mit deutlicher Betonung auf dem „und“, „gebrauchen Sie niemals das Wort ‚versuchen‘. Ich brauche einen neuen Freiwilligen. Arthur, wie wäre es mit Ihnen?“

Ein sehr junger Mann, vielleicht besuchte er noch die Universität, kam nach vorne. Jerry drückte wieder auf den Knopf unter dem Rednerpult, und das Telefon läutete. „Arthur, würden Sie bitte versuchen, den Hörer abzunehmen?“

Arthur sprang auf die Bühne und nahm den Hörer ab. Als er den Hörer in der Hand hielt, sagte Jerry: „Nein, nein, Arthur, Sie nehmen wirklich den Hörer ab. Ich habe Sie nur gebeten, es zu versuchen.“

Arthur lachte und ging zu seinem Sitz zurück. Jerry wandte sich uns wieder zu und sagte: „‚Versuchen‘ ist ein Wort wie eine Nebelbank. Solange Sie etwas versuchen, tun Sie es nicht wirklich. Jedesmal, wenn Sie versprechen, etwas zu versuchen, verpflichten Sie sich nicht, es tatsächlich zu tun.

Wenn ein amerikanischer Geschäftsmann mit einer japanischen Firma verhandelt und sagt, er wird versuchen, eine Bestellung zu einem bestimmten Termin auszuliefern, lautet die japanische Übersetzung: ‚Die Lieferung wird nicht zum angekündigten Termin eintreffen.' Sie wird entweder eintreffen oder auch nicht eintreffen. Versuchen zählt dabei nichts.

Erinnern Sie sich an Renees Worte. Sie sagte, sie würde wirklich *versuchen*, es in der Zukunft besser zu machen. Verstehen Sie das. Es bleibt ein Hintertürchen offen, und sie kann immer noch sagen: ‚Ich habe es versucht, aber es hat einfach nicht funktioniert', oder: ‚Es ist nichts dabei herausgekommen.'"

„Soweit zu den fünf linguistischen Gedächtnisstützen. Wir sollten jetzt versuchen, eine Pause zu machen." Alle lachten. Jerry sagte: „Sehen Sie, wird haben es versucht, aber wir haben keine Pause gemacht. Wir haben noch so viele Themenbereiche vor uns, wie wäre es mit einer kurzen Lockerungsübung? Stehen Sie bitte auf.« Wir alle standen auf.

„Stellen Sie sich alle auf die Zehenspitzen. Heben Sie die Hände, und strecken Sie sich aus. Gut so, strecken Sie sich, so hoch Sie können. Zählen Sie bis zehn, lassen Sie dann die Hände langsam heruntersinken. Berühren Sie wieder den Boden mit den Fußsohlen. Beugen Sie ein wenig die Knie. Lassen Sie die Arme baumeln. Schließen Sie die Augen und stellen Sie sich Ihre Lieblingsfarbe vor. Atmen Sie tief ein, lassen Sie die Luft wieder ausströmen. Noch einmal, noch tiefer – und ausatmen. Noch einmal. Gut, setzen Sie sich wieder hin."

Ich fühlte mich großartig, wie kurz nach einer heißen Dusche. Ich kam einfach nicht dahinter. Der Mann war ein Zauberer. Jerry hatte sich wieder zur Tafel begeben und schrieb energisch. Diesmal waren es zwei Überschriften, *Nominalisierung* und *konkreter Gegenstand*.

Unter der ersten Überschrift stand: „abstrakt", „vage", „erzeugt Halluzinationen", „unbestimmt" und „erzeugt eine transderivationale Suche (Suche nach dem Sinn)". Unter die Überschrift „konkreter Gegenstand" hatte er geschrieben: „bestimmt", „eindeutig" und „paßt in einen Schubkarren".

„Sprache läßt sich in zwei Kategorien einteilen. Jedes Wort paßt im allgemeinen in eine dieser Kategorien. Aber denken Sie daran, dies ist nur eine *nützliche Verallgemeinerung*. Ich werde jetzt einige Worte nennen, und Sie werden sie einordnen. Wenn Sie jetzt herausfinden wollen, ob es sich um konkrete Gegenstände oder um Nominalisierungen handelt, dann fragen Sie sich: ‚Paßt es in einen Schubkarren?' Wenn es in einen Schubkarren paßt, handelt es sich normalerweise um einen konkreten Gegenstand. Sind Sie bereit?

„Seide . . ." – „Konkret."
„Holz?" – „Konkret."
„Nägel?" – „Konkret."
„Liebe?" – „Nominalisierung."
„Vertrauen?" – „Nominalisierung."
„Patriotismus?" – „Nominalisierung."
„Terrorismus?" – „Nominalisierung."
„Auto?" – „Konkret."
„Loyalität?" – „Nominalisierung."
„Freundschaft?" – „Nominalisierung."

„Sehr gut. Der falsche Gebrauch dieser Worte ist die Ursache für alle Mißverständnisse unter den Menschen. Stellen Sie sich einmal vor, Stanley und ich wären Freunde. Eines Tages gehe ich zu ihm hin und frage: ‚Stanley, kannst Du mir viel Geld leihen?' Er schaut mich erstaunt an und sagt:

‚Aber ich dachte, wir wären Freunde.‘ Und ich antworte: ‚Ja, selbstverständlich, natürlich sind wir Freunde. Wir sind doch schon seit zehn Jahren befreundet.‘ Und darauf sagt er: ‚Freunde tun so etwas nicht. Sie leihen kein Geld aus. Das zerstört jede Freundschaft.‘ Aber das liegt daran, daß ‚Freundschaft‘ eine Nominalisierung ist. Nach meinem Verständnis darf ein Freund ruhig bei mir Geld ausleihen.

Eine Woche später ruft mich nun Stanley um drei Uhr nachts an. Und ich sage: ‚Was? Wer ist da? Was ist los?‘ Und er sagt: ‚Ich brauche Hilfe. Meine Mutter ist gestorben. Mein Vater ist gerade entlassen worden. Meine Frau hat mich verlassen.‘ Es handelt sich jedenfalls um eine Tragödie. Und ich sage: ‚Aber Freunde tun so etwas nicht. Freunde rufen nicht mitten in der Nacht an.‘ Er sagt darauf: ‚Aber ich dachte, wir wären Freunde.‘ Jeder definiert einen ‚Freund‘ anders. Man muß nachfragen: ‚Was meinst du genau damit? Wer genau? Unter welchen Umständen? Wann? Wieviel?‘ “

Ich fühlte mich jetzt, als hätte ich schon seit langer Zeit versucht, ein Puzzle zu legen und finge jetzt allmählich an, ein Bild zu erkennen. Jedes kleine Teil machte plötzlich Sinn. Diese ewigen Mißverständnisse am Telefon, die „sicheren Geschäfte“, die dann doch platzten – für das alles war die Tatsache verantwortlich, daß meine Kunden und ich Nominalisierungen gebrauchten, die wir verschieden definiert hatten.

Jerry Randolph sprach noch immer: „. . . eine transderivationale Suche ist eine innere Suche unter den Bildern in Ihrem Gehirn, die Sie auf Ihre innere Leinwand projizieren, um den Worten Ihres Gesprächspartners einen Sinn zu geben. Deshalb nehmen Sie an, daß der andere mit dem Wort ‚Freundschaft‘ dasselbe meint, wie Sie selbst.

Wir müssen Fähigkeiten entwickeln, die es uns ermöglichen, präzise Informationen zu erhalten und zu geben. Wir müssen klärende und bestimmende Fragen erlernen. Wenn Sie nun noch einmal in Ihre Mappe schauen, werden Sie darin ein hochinteressantes Blatt finden, das Ihnen dabei hilft, die richtigen Fragen zu stellen. Es zeigt auf der einen Seite den Umriß einer linken Hand, auf der anderen Seite den Umriß einer rechten Hand. Wir nennen das die ‚Telefon-Fingerspitzen'.[1]

Sie haben doch nicht etwa erwartet, Sie könnten den ganzen Abend passiv auf Ihrem Stuhl sitzen? Unsinn! Sie alle werden am nächsten Abschnitt des Seminars aktiv teilnehmen. Suchen Sie sich zuerst einen Partner, Ihren Nachbarn oder die Person vor oder hinter Ihnen. Hat jeder einen Partner gefunden? Gut!

Verteilen Sie sich jetzt an den Wänden des Zimmers. Jedes Paar teilt sich in den Empfänger und in den Vermittler auf. Zuerst hält der Vermittler das Blatt mit der rechten Hand so an die Wand, daß es sich etwa 15 Zentimeter über dem Kopf des Empfängers befindet. Der Empfänger dreht sich nun zur Wand um und legt seine rechte Hand auf das Blatt. Sind Sie so weit? Gut, machen wir weiter.

Der Vermittler berührt nun den Daumen des Empfängers und liest vor, was dort steht . . . ‚Zu groß oder zu klein, zu teuer, zu früh oder zu spät, zu viel oder zu wenig.' Gut so. Wiederholen Sie das drei oder vier Mal, so schnell Sie können.

Berühren Sie nun den Zeigefinger des Empfängers und lesen Sie, was dort steht. ‚Kann nicht, will nicht, sollte nicht, könnte nicht, muß.' Es geht darum, so schnell wie möglich von einem Finger zum anderen überzugehen und dabei die Worte zu wiederholen, die über jedem Finger auf der Zeichnung stehen. Der Empfänger braucht sich die Worte nicht einzuprägen oder sie zu verstehen, sie gehen auf direktem Wege in sein Unterbewußtsein ein.

Legen Sie nach etwa einer Minute das Blatt mit der gemal-

---

[1] Sie finden dieses Blatt auf den Seiten 110 und 111.

ten rechten Hand weg und halten Sie das Blatt mit der linken Hand an die Wand. Fertig? Der Empfänger legt jetzt seine linke Hand auf das Blatt. Haben Sie das? Gut.

Vermittler, tun Sie jetzt dasselbe, was Sie mit der rechten Hand getan haben, mit der linken. Sind Sie so weit? Berühren Sie den kleinen Finger und sagen Sie: ‚Immer? Alles? Niemals? Ausnahmslos? Keines?'

Als nächstes berühren Sie den Mittelfinger ‚Wer, was, wo, wann – genau?' Dann der Zeigefinger: ‚Warum nicht? Und wenn doch? Was muß passieren?' Führen Sie das mit allen fünf Fingern durch. Wenn Sie das etwa eine Minute gemacht haben, legen Sie das Blatt weg.

Der Empfänger legt dann seine Hände zusammen und nimmt sich eine Minute Zeit, um sich vorzustellen, daß er am Telefon ist. Dabei setzt er all das ein, was wir gerade gelernt haben. Wenn er während des Gesprächs Probleme hat, kann er mit Hilfe seiner Finger beziehungsweise mit Hilfe der daran geknüpften Fragen seine Kommunikation verbessern. Nach dem Ende der Visualisierung tauschen Sie bitte die Rollen. Der Vermittler wird zum Empfänger und umgekehrt. Und wenn Sie damit fertig sind, machen wir wirklich eine Pause."

Während der Pause kamen mehrere Zuhörer zu mir und befragten mich über Repräsentationssysteme. Als ich diese Systeme erklären mußte, stellte ich fest, daß ich sie schon viel besser verstand, als ich bis dahin vermutet hatte. Weil ich als eine Art von Autorität behandelt wurde, stieg mein Selbstvertrauen um 100 Prozent.

Erst kurz vor dem Ende der kurzen Pause fand ich Zeit, darüber nachzudenken, welche Rolle die Übung mit den „Telefon-Fingerspitzen" und die Informationen über *konkrete Worte* und *Nominalisierungen* im Arsenal meiner rasch wachsenden Telefonkünste spielen könnten. Die meisten Mißverständnisse, die bei der Arbeit mit meinen Kunden aufgetreten waren, waren auf eine zu ungenaue Sprache zurückzuführen – ich hatte zugelassen, daß zu viele Nominalisierungen wie „bald“ oder „zu viel“ mein Verständnis des Kunden eingeschränkt hatten.

Falls beim nächsten Telefongespräch jemand sagen sollte: „Ich werde das sofort zur Post bringen“, dann würde ich nachfragen: „Wann genau?“ Oder wenn ein potentieller Kunde mir erzählen sollte, daß eine unserer Versicherungen „zu teuer“ sei, dann konnte ich sagen „Zu teuer im Vergleich zu wem?“ Und wenn ich zu Hause anrief und meine Tochter mich fragen sollte, warum ich jeden Abend Überstunden machen müsse, dann konnte ich sie fragen: „Jeden Abend – willst du damit sagen, daß ich nie früh nach Hause komme?“ Das war schon eine großartige Sache.

Jerry Randolphs Stimme drang in meine Träume: „Ist jetzt jeder bereit, noch ein paar seiner Probleme mit dem Telefon abzulegen?“

Seine Worte wurden von einem großen Seufzer des Publikums begrüßt.

Jerry hielt ein Buch hoch. „Als nächstes werden wir uns über Spitzenleistungen unterhalten, über Zustände der höchsten Leistungsfähigkeit.

Einige Sportler haben diesen Zustand mit ‚in Trance spielen‘ oder ‚auf den Autopiloten umschalten‘ umschrieben. Geschäftsleute nennen es ‚alles läuft bestens‘, man ist zum richtigen Zeitpunkt am richtigen Ort, das Timing ist makellos, man schließt Geschäfte ab, ohne sich auch nur darum zu bemühen. Die meisten Menschen stoßen nur zufällig auf diesen Zustand. Wir schreiben unseren Erfolg dann einem guten Stern zu . . .“

„Ja, oder unserem Biorhythmus“, warf jemand ein.

„Richtig. Aber ich habe ein großartige Neuigkeit für Sie: Sie können lernen, sich bewußt in diesen Zustand der Spit-

Die Linke Hand

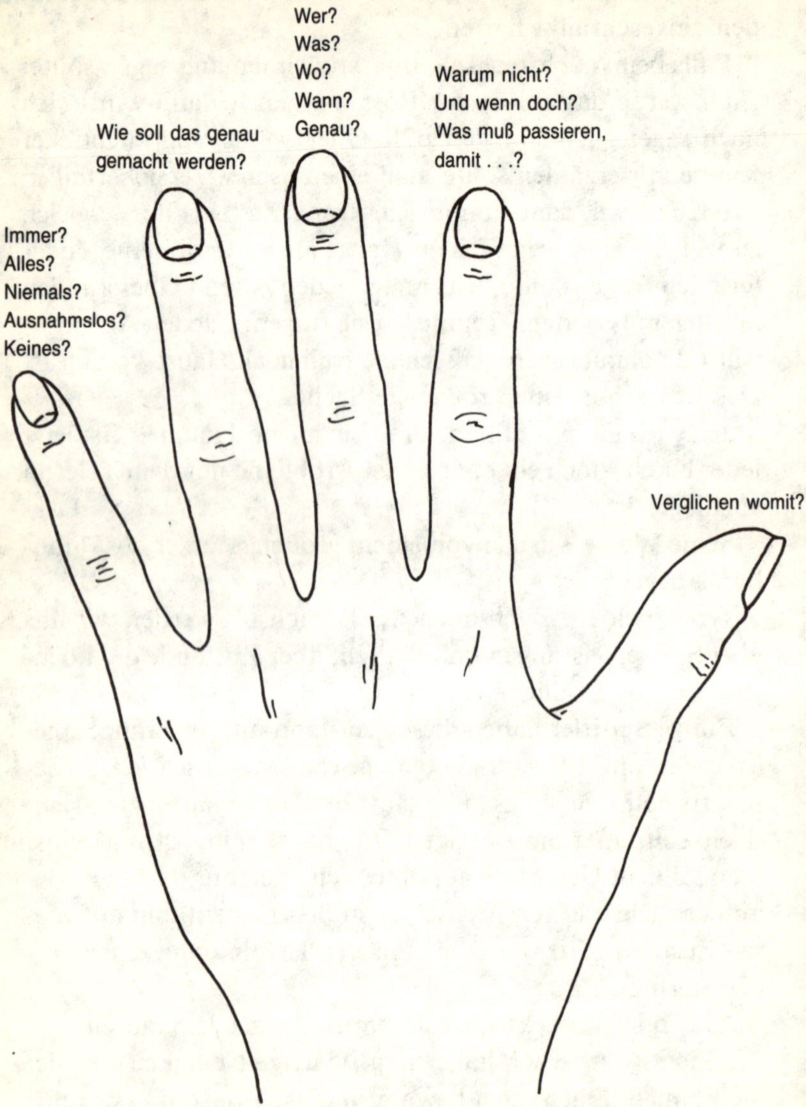

Die Rechte Hand

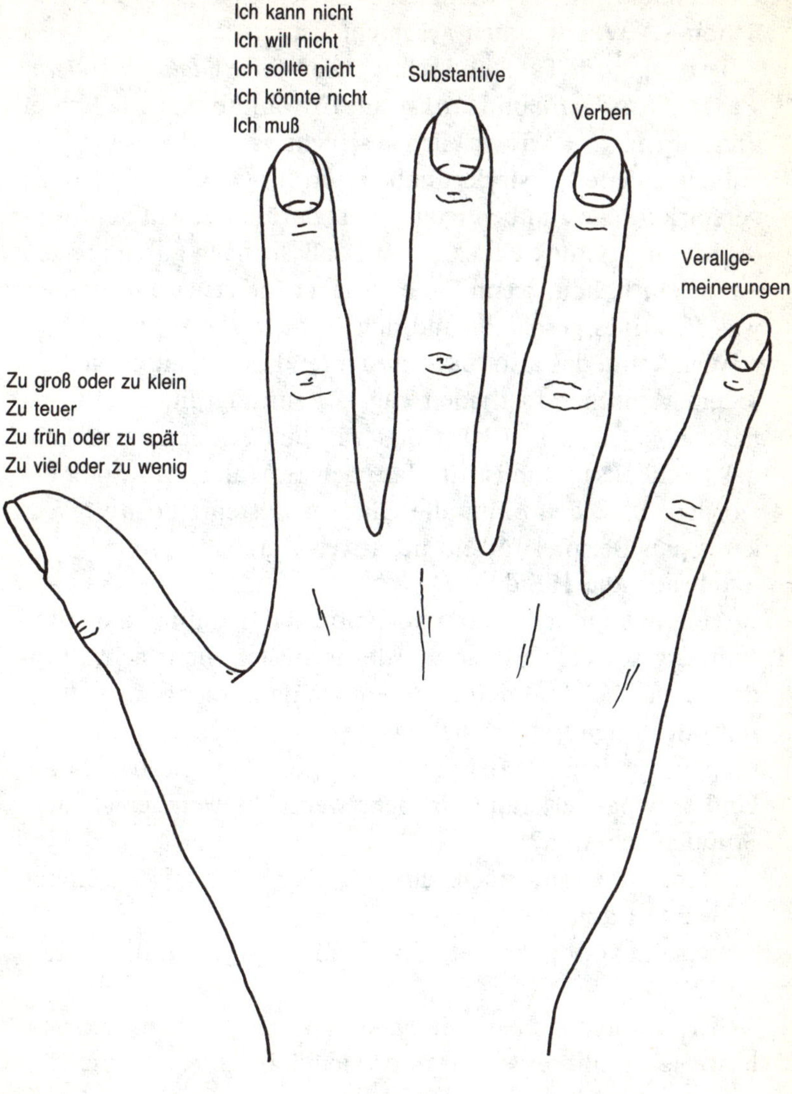

zenleistung zu versetzen. Haben Sie nicht schon oft gehört, wie jemand sagte ‚Dieses Kleid habe ich an dem Tag getragen, als ich meinen Traummann kennenlernte. Es ist mein Glückskleid. Immer, wenn ich es anziehe, passiert mir etwas Schönes.‘ Was wirklich geschieht, ist . . .“

Jerry ging zur Tafel und schrieb die Worte *Glaubenssystem, Verhaltensschleife* und *Anker* an. Er wandte sich wieder um und fuhr fort: „Was wirklich geschieht, ist, daß Sie eine Verhaltensschleife konstruiert haben, um Ihr Glaubenssystem zu verstärken. Sie glauben jetzt so fest daran, daß ein bestimmtes Kleidungsstück Glück bringt, daß Sie nach guten Dingen Ausschau halten, wenn Sie es tragen. Sie *erwarten*, daß etwas Positives geschieht und achten auch darauf.

Wenn man das also tut – und irgend etwas Gutes passiert jedem Menschen fast jeden Tag – dann sagt man sich: ‚Ich habe es gewußt. Das Kleid hat wirklich Zauberkraft.‘ Und das Glaubenssystem ist für das nächste Mal noch stärker geworden. Sind denn nun alle Glaubenssysteme positiv? Wer kennt ein Beispiel für ein negatives Glaubenssystem?“

Ich hob die Hand.

„Ich habe immer daran geglaubt, daß ich mich am nächsten Tag schlecht fühlen würde, wenn ich nicht acht Stunden Schlaf bekäme. Ich könnte mich dann nicht konzentrieren oder irgend etwas richtig machen.“

„Das ist ein gutes Beispiel. Viele Menschen glauben daran. Und was passiert nun wirklich, wenn Sie weniger als acht Stunden schlafen?“

„Ich habe am nächsten Tag normalerweise ziemlich schlechte Laune.“

„Na gut, Bob, wie viele Nominalisierungen enthielt dieser Satz?“

Alle mußten lachen. Ich lachte mit. „Mal sehen. ‚Normalerweise‘ müßte eine sein und ‚ziemlich schlecht‘ auch.“

Ihre Fähigkeiten am Telefon
werden in dem Maße wachsen, wie Sie
lernen, auf sich selbst zu vertrauen.

,,Wie steht es nun mit Telefon-Glaubenssystemen? Das von Renee haben wir schon kennengelernt. Hat sonst jemand noch solch ein System?“

Lucy, die neben mir saß, hob die Hand. ,,Ich kann mich am Telefon nicht konzentrieren, wenn noch jemand im Zimmer spricht.“

,,Lassen Sie mich raten. Sie arbeiten in einem Großraumbüro mit vielen anderen Menschen zusammen, richtig?“

,,Richtig, deshalb bin ich ja hier.“

,,Sehen Sie, unser Unterbewußtsein möchte immer, daß wir recht haben. Deshalb streben wir nach Erfahrungen und interpretieren diese dann so, daß sie sich in unser Glaubenssystem einfügen.“

Er nahm ein Notizbuch in die Hand und zitierte daraus: ,,Edward E. Jones, ein Psychologe der Princeton-Universität, ging noch einen Schritt weiter. Er sagte: ‚Unsere Erwartungen beeinflussen nicht nur unsere Sicht der Wirklichkeit, sondern sogar die Wirklichkeit selbst.‘ Denken Sie einmal darüber nach, was dieses Zitat für Sie selbst bedeutet.

Soweit dazu. Der große Durchbruch gelang, als die Verhaltensforscher erkannten, daß wir lernen können, ein willkürlich gewähltes Zeichen oder einen Gegenstand einzusetzen, um uns in eine ganz bestimmte Geisteshaltung zu versetzen, in das, was allgemein als ‚veränderter Zustand‘ bezeichnet wird. Dieser Gegenstand oder dieses Zeichen wird manchmal auch ‚Anker‘ genannt. Kann sich jemand vorstellen, wie man die Anwendung dieses Zeichens nennt?“

,,Ankern?“

,,Eine Zigarre für den Herrn. Ach Unsinn, wir wollen doch nicht eine richtige Antwort an so etwas Übelriechendes ankern. Aber bevor wir uns näher mit dem Ankern befassen: Hat jemand der hier Anwesenden ein positives Glaubenssystem in Bezug auf das Telefon?“

Arthur sagte: ,,Ich besitze seit neuestem ein drahtloses Telefon, und seitdem fühle ich mich beim Telefonieren schon viel wohler. Ich habe nicht mehr das Gefühl, mit einem Strick an die Wand gefesselt zu sein.''

,,Gut, Arthur, das ist ein Beispiel für einen Anker. Ihr drahtloses Telefon ist Ihr Anker, um sich beim Telefonieren wohler zu fühlen – und damit sind wir beim effektiveren Gebrauch des Telefons angekommen. Hat noch jemand ein positives Telefon-Glaubenssystem? Ja, Marianne?''

,,Es mag ja vielleicht ein bißchen verrückt klingen, aber ich habe den Aberglauben, daß ich eine gute Nachricht erhalte, wenn ich den Hörer vor dem zweiten Klingeln abnehme.''

,,Wenn wir gerade von Aberglauben sprechen, allen Sportfans unter uns müßte das Ankern sehr vertraut sein... Wenn ein Baseballspieler zum Beispiel zehn Treffer hintereinander mit einem bestimmten Schläger erzielt hat, dann wird er ihn seinen Glücksschläger nennen. Die Fähigkeit, ein guter Schlagmann zu sein, ist dann an diesen Schläger geankert. Was ist der einzige Nachteil dieses Ankers? Bob?''

Ich antwortete schon, bevor ich überhaupt zum Nachdenken gekommen war: ,,Wenn der Schläger zerbricht, verliert er dann seinen Anker?''

,,Das stimmt.'' Jerry ging auf der Bühne hin und her. Dieses Thema lag ihm offensichtlich sehr am Herzen. ,,Oder wie sieht es mit Jimmy Connors, dem Tennisspieler aus? Was tut er, wenn er ein As schlägt? Er verankert es hinterher mit der geballten Faust. Er ist ein kluger Mann, der Anker ist Teil seines Körpers, eine Geste. Dieser Anker ist kein Talisman, den er verlieren könnte.

Jetzt werden wir eine Übung zum Verankern unserer Bestform machen, und zwar möchte ich, daß Sie sie an das Telefon ankern. Diese Übung wird uns hervorragende Kommunikationsmöglichkeiten verschaffen. Ich werde es einmal mit

Auch wenn man mit einem
Gesprächspartner am Telefon uneins ist,
muß man sein privates
Universum respektieren.
Welche Ansicht er auch vertritt,
für ihn ist sie Wirklichkeit.

einem Opfer – ich wollte sagen, einem Freiwilligen ...“ Alle lachten. „Stanley, würden Sie bitte auf die Bühne kommen?“

Stanley ging auf die Bühne und stellte sich neben Jerry. In der Zwischenzeit hatte Jerry eines der Telefone vom Tisch geholt und auf einen Stuhl gestellt. „Stanley, wählen Sie bitte eine Stelle an Ihrem Körper aus, die Sie berühren können, vielleicht Ihre Hand, oder ein Wort, das Sie innerlich wiederholen können, ohne daß es jemandem auffällt. Sie können die Finger kreuzen oder das Kinn auf die Hand stützen oder an das Wort ‚Konzentration‘ denken. Setzen Sie Ihre Vorstellungskraft ein. Vielleicht haben Sie ja schon eine Geste, mit der Sie Gutes verankern.

Haben Sie etwas gefunden? Ziehen Sie sich nun in Gedanken einen Kreis von etwa einem Meter Durchmesser um den Stuhl und das Telefon. Können Sie ihn sehen?“

Stanley nickte: „Ja.“

„Gut. Jetzt möchte ich Sie bitten, sich an einige positive Ereignisse und Erfahrungen zu erinnern. Schließen Sie die Augen, und stellen Sie sich ein besonders humorvolles Erlebnis vor. Es ist nicht wichtig, ob Sie selbst besonders witzig waren oder ob ein anderer so lustig war, daß Sie glaubten, vor Lachen platzen zu müssen. Fällt Ihnen etwas ein?“

Stanley nickte mit einem fröhlichen Lächeln.

„Gehen Sie jetzt bitte zum Telefon, in den Kreis hinein, und ‚werfen‘ Sie Ihren Anker. Das geschieht, indem Sie die Geste machen, die Stelle an Ihrem Körper berühren oder das Wort wiederholen, das Sie als Anker ausgewählt haben. Fassen Sie dann das Telefon an, und lassen Sie vor Ihrem inneren Auge diese besonders positive Erfahrung ablaufen.“

Stanley trat in den imaginären Kreis und zupfte dabei am Ohrläppchen, was anscheinend seinen ‚Anker‘ darstellte. Er stand mit geschlossenen Augen und mit dem Telefon in der Hand da und lachte plötzlich über seine Erinnerungen.

„Gut. Stellen Sie das Telefon wieder hin, lassen Sie Ihren Anker los, und treten Sie wieder aus dem Kreis heraus. Denken Sie nun an eine Ihrer sportlichen Bestleistungen. Fällt Ihnen etwas ein? Gut, treten Sie in den Kreis, werfen Sie den Anker, und nehmen Sie das Telefon in die Hand."

„Hervorragend, stellen Sie sich nun einen Augenblick in Ihrem Leben vor, als Sie einen Preis gewonnen hatten oder Ihre Leistungen besonders anerkannt wurden." Stanley schüttelte den Kopf, als hätte er Schwierigkeiten damit, bis Jerry sagte: „Das Ereignis darf ruhig auch aus Ihrer Kindheit stammen."

Stanley nickte, trat in den Kreis, warf seinen Anker und nahm das Telefon in die Hand. Dieser ganze Vorgang wurde noch mehrmals wiederholt, und zwar stellten sich die Teilnehmer des Seminars positive Erfahrungen im Sex, in der Naturerfahrung, im Geschäftsleben, am Telefon und in der erfolgreichen Überwindung eines Hindernisses oder einer Herausforderung vor. Ich hätte schwören können, daß Stanley nach dieser Übung wie ein Honigkuchenpferd strahlte.

„In Ordnung, nun sucht sich wieder jeder einen Partner. Ich werde jedem Paar eines unserer Telefone geben und bitte Sie, diese Übung zu zweit durchzuführen. Wenn der erste fertig ist, tauschen Sie die Rollen, damit jeder die Möglichkeit bekommt, seine besten Leistungen mit dem Telefon zu verankern."

Etwa zehn Minuten später, nachdem wir alle die Übung beendet hatten, bat Jerry wieder um unsere Aufmerksamkeit. Er streichelte beim Sprechen das ca. 1,80 Meter hohe Papptelefon, das am Bühnenrand aufgebaut stand.

„Sie haben nun die positivsten und intensivsten Erfahrungen Ihres Lebens und die damit verbundenen Gefühle auf das Telefon übertragen. Sie sollten das noch mehrmals wiederholen, wenn Sie wieder zu Hause sind. Auch in den nächsten

Wochen, wenn Sie eine intensive oder erfreuliche Erfahrung am Telefon haben – und diese Erfahrungen werden sich von nun an häufen –, verankern Sie bitte diese Erfahrung sofort. Sie werden damit immer mehr Kraft gewinnen.

Sie werden auch feststellen, daß Sie, wenn Sie ein Telefongespräch führen müssen und Sie gerade ‚nicht in Stimmung' sind, Ihren Bestform-Anker in dem Moment werfen können, wenn Sie anfangen, die Nummer zu wählen. Wenn Ihr Gesprächspartner am anderen Ende der Leitung abhebt, befinden Sie sich bereits in Höchstleistungsform – das ist besonders wichtig bei geschäftlichen Telefonaten. Diese zusätzliche ‚Notreserve' kann mehrere Stunden anhalten, und danach können Sie sie mit der gleichen Prozedur reaktivieren.

Und nun, bevor Sie nach Hause gehen, möchte ich noch kurz etwas über die Wahl des richtigen Telefons sagen. Ein individuell passendes Telefon zu finden, ist genauso schwierig, wie das richtige Auto oder das richtige Haus auszuwählen – es ist aber immens wichtig. Nehmen Sie mich zum Beispiel. Ich habe es gerne groß. Ich fahre einen dicken Mercedes, meine Frau ist 1,85 Meter groß und mein Telefon . . ." Er brach ab und liebkoste das riesige Telefon auf der Bühne. Es war ein unvergeßlicher Anblick.

„Je öfter Sie ein bestimmtes Instrument einsetzen, desto mehr gewöhnen Sie sich daran. Je mehr Sie sich daran gewöhnen, desto besser können Sie es einsetzen. Es wird langsam zu einem Teil Ihrer selbst, es ist nicht mehr ein unpersönliches Etwas für Sie. Sie gewöhnen sich daran, wie sich Ihr Telefon anfühlt, an seinen Geruch, seinen Anblick und seinen Klang. Einige Menschen bevorzugen das Gewicht der altmodischen Modelle. Sie haben sich nicht an die neuen, leichteren Telefone gewöhnt. Es gibt Telefonläden, in denen Sie die unterschiedlichsten Modelle erwerben können.

Wenn das Klingeln Ihres Telefons Sie aus der Bahn wirft,

dann wählen Sie ein Telefon mit einem anderen Klang. Lernen Sie, mit den High-Tech-Modellen zu spielen, die es heute gibt. Oder, anders formuliert: *Benutzen Sie das richtige Werkzeug für Ihre Arbeit.*

Der Abend mit Ihnen hat Spaß gemacht. Gute Nacht, und vergessen Sie nicht, mit Ihrem Telefon Freundschaft zu schließen. Geben Sie ihm einen Namen, verleihen Sie ihm eine sympathische, kooperative Persönlichkeit. Vergessen Sie nie, Telefonieren macht Spaß!“

Wir alle standen auf und applaudierten begeistert. Ich fühlte mich wie ein neuer Mensch, als ich das Hotel verließ. Ich konnte es kaum erwarten, zu Hause anzukommen und Sheryl zu berichten, was ich über das Telefon und natürlich auch über die Kommunikation im allgemeinen gelernt hatte.

O'Ryans Telefonnotizen

1. Nonverbale Informationen wie Gesten oder der Gesichtsausdruck übertragen sich über das Telefon ebenso wie Worte.

2. Es gibt verschiedene Möglichkeiten, am Telefon die eigene Stimmung zu beeinflussen. Eine mögliche Methode besteht darin, das Telefon vor einen Spiegel zu stellen. Beobachten Sie sich beim Sprechen.

3. Ihre Körpersprache spiegelt Ihre Gedanken und Gefühle wider. Umgekehrt trifft das genauso zu. Sie können durch eine andere Körperhaltung und einen anderen Gesichtsausdruck Einfluß auf Ihre Gefühle nehmen. Ein Lächeln zum Beispiel überträgt Nervenimpulse von den Gesichtsmuskeln zum Gefühlszentrum im Gehirn, in das sogenannte lymbische System. Weil Sie die Gesichtsmuskeln anspannen, erzeugen ein Stirnrunzeln oder eine Grimasse Nervosität.

4. Zur Unterstützung einer wirksameren verbalen Kommunikation:
   - Setzen Sie alle gegenwärtigen Probleme und negativen Selbsteinschätzungen in die Vergangenheitsform.
   - Ersetzen Sie „aber" durch „und".
   - Ersetzen Sie „Ich kann nicht" durch „Ich möchte nicht".
   - Ersetzen Sie „Ich sollte" durch „Ich könnte".
   - Verwenden Sie niemals das Wort „versuchen".

5. Alle Worte lassen sich in zwei Kategorien aufteilen. Man nennt diese beiden Gruppen „Nominalisierungen" und „konkrete Worte". Die erste Kategorie ist unbestimmt und

mißverständlich. Das Verständnis der Implikationen beider Kategorien ist ein wirksames Instrument der Kommunikation.

6. Durch klärende und genau bestimmende Fragen können Sie am Telefon Ungenauigkeiten durch Verallgemeinerungen und Nominalisierungen eliminieren.

7. Es gibt einen besonders effektiven Zustand, den man Spitzenleistung nennt. Sportler beschreiben diesen Zustand als „in Trance spielen“ oder „auf den Autopiloten umschalten“. Geschäftsleute sagen, „alles läuft bestens“. Die Neurolinguistische Programmierung ermöglicht es, diesen besonderen Zustand mit Hilfe der Arbeitstechnik herbeizuführen.

8. Lernen Sie, ein beliebiges Zeichen oder einen beliebigen Gegenstand – einen „Anker“ – zu benutzen, um sich in Ihre persönliche Bestform zu versetzen. Sie können Ihre Spitzenleistung auch ans Telefon verankern!

Kapitel 6
Selbst Gott besitzt ein Telefon

Am Wochenende nach Jerry Randolphs Seminar flog ich mit John Deltone nach Washington. Dieser Flug verlief mit Sicherheit anders als der Flug, auf dem ich ihn kennengelernt hatte. Wir wechselten uns am Bordtelefon ab. Langsam verstand ich wirklich, wie man Spaß am Telefonieren haben kann.

John wollte mir nichts über Dr. Ferrara erzählen, er sagte nur, daß er ein Hypnotiseur sei.

„Ein was?", fragte ich überrascht und ungläubig.

„Ein Hypnotiseur", sagte er, als ob es sich um den normalsten Beruf auf der Welt handelte.

Das Wort Hypnotiseur löste in meinem Kopf die seltsamsten Bilder aus. Ich stellte mir einen mageren Mann mit übergroßen Augen vor (mit kleinen Spiralen darin, wie ich sie aus einer alten Fernsehsendung kannte), mit einem Spitzbart und einem bedrohlichen Blick. Erinnerungen an Horrorfilme aus den vierziger Jahren gingen mir durch den Kopf. Anders ausgedrückt: Ich war nervös. Und um ganz ehrlich zu sein: Ich hatte mächtig Angst.

Die Praxis von Dr. Ferrara befand sich in einem alten, schönen und teuren Viertel der amerikanischen Hauptstadt. Die Pflasterstraße glänzte im Schein der alten Gaslaternen. Alles sah unbekannt und wie verzaubert aus. Ich erlebte einen dieser außergewöhnlichen Augenblicke im Leben, wenn die Zeit stillzustehen scheint und Neues und Unerwartetes in der Luft liegt.

Und genau das trat ein: das Unerwartete.

Es dauerte keine zwei Minuten, bis ich mir in der Gegenwart von Dr. Ferrara lächerlich vorkam und sich alle meinen falschen Vorstellungen in Luft auflösten. Ich wurde von einem freundlichen, grauhaarigen Mann Ende fünfzig herzlich begrüßt, der mir in seinem Rollstuhl entgegenkam. Seine Praxis war geschmackvoll mit alten Möbeln, Bücherregalen, die ganze Wände einnahmen, einem schönen alten Schreibpult und einer Tiffany-Lampe eingerichtet, die ein beruhigendes, grünliches Licht abgab.

,,Schön, Sie kennenzulernen, Mr. O'Ryan. Ich habe gestern mit John gesprochen und er sagte mir, daß Sie sehr zielstrebig seien. Enthusiasmus mag ich."

,,Schön, Sie kennenzulernen, Herr Doktor."

,,Aber nein", sagte er kopfschüttelnd, ,,nennen Sie mich einfach Gene."

,,Danke, Gene."

,,Sie sehen ein bißchen blaß aus. Hatten Sie einen guten Flug?"

,,Ja, es war ein schöner Flug. Ich bin wohl nur ein wenig überrascht."

,,Worüber denn?"

,,Eigentlich nichts von Bedeutung."

,,Wenn Leute sagen: ‚Nichts von Bedeutung' heißt das normalerweise ‚Es ist wirklich ganz besonders wichtig.'"

,,Jetzt haben Sie mich ertappt. Ich hatte jemand ganz anderen erwartet. Wissen Sie, so wie im Film."

Gene zeigte lachend auf ein Bild an der Wand. Es war eine aus einem Boulevardblättchen gerissene Seite mit einer Geschäftsanzeige eines Hypnotiseurs, der mit übergroßen Augen von der Wand starrte wie in einem zweitklassigen Science-Fictionfilm. ,,Hatten Sie erwartet, daß ich so aussehe?"

Jetzt mußte ich lachen. ,,Genau, so hatte ich Sie mir vorgestellt."

Man kann Ungenauigkeiten und
Unklarheiten aus seinen Telefongesprächen
eliminieren, indem man lernt,
genau zu sein und indem man
seinen Gesprächspartnern
klärende und bestimmende Fragen stellt.

„Macht nichts, Bob, daran bin ich gewöhnt. Die meisten Menschen machen sich eine völlig falsche Vorstellung von Hypnose. In Wirklichkeit gibt es gar keine Hypnose", sagte er mit einem verschwörerischen Lächeln.

„Was", rief ich aus. „Aber Sie sind doch ein berühmter Hypnotiseur!" Ich zeigte auf seine Bücher und sagte beharrlich: „Aber hier stehen doch mindestens tausend Bücher über Hypnose. Jetzt bin ich doch etwas verwirrt."

„Schön", sagte er geheimnisvoll. „Verwirrung ist ein sehr wohltuender Zustand."

„Jetzt bin ich aber *wirklich* verwirrt."

„Sehen Sie, Hypnose ist eigentlich nichts weiter als eine besonders effektive Form der Kommunikation, ob nun mit anderen Menschen oder mit sich selbst."

„Worin besteht denn der Trancezustand, von dem man so oft hört?"

„Das ist einfach ein natürlicher Zustand. In meinen Vorlesungen pflege ich zu sagen, daß meine Aufgabe als Hypnosetherapeut nicht darin besteht, Menschen in Trance zu versetzen, sondern vielmehr darin, *sie aus der Trance zu wecken, in der sie sich schon befinden*. Das heißt, falls ihre Trance ihnen keinen leichten und effektiven Zugang zu ihren unbegrenzten Möglichkeiten und tiefsten persönlichen Reserven ermöglicht. Ich habe erfahren, daß zum Beispiel Sie sich mit Ihrer Angst vor dem Telefon in einer negativen Trance befunden haben. Sie litten unter Ängsten und minimaler Effektivität beim Einsatz dieses Hilfsinstruments. Hat sich das bei Ihnen nicht schon geändert?"

„Ja, weitgehend. Aber ich muß immer noch einiges lernen."

„Das müssen wir alle", sagte er und kam mit seinem Rollstuhl näher auf mich zu. Er sah wie der ideale Großvater aus. Er trug einen Anzug mit aufgeknöpfter Weste, die Krawatte saß locker und die goldene Kette einer Taschenuhr baumelte an seiner Seite. Unter seinem vollen grauen Haar hatte er ein gütiges Gesicht, dem der Schnurrbart einen Ausdruck von Weisheit verlieh; er hatte freundliche, fröhlich funkelnde Augen mit einem winzigen Anflug von kindlichem Spott, als wolle er jeden Moment aus dem Rollstuhl aufspringen und erklären, daß er mit allem, was er gesagt hatte, nur Spaß gemacht hätte.

Er legte eine kleine Pause ein und fuhr dann fort: „Persönliches Wachstum ist ein allmählicher Vorgang, kein fertiges Produkt. So weit ich weiß, gibt es keinen Zeitpunkt, zu dem wir perfekt sind und nichts mehr lernen müssen. Aber um zu Ihrer Frage zurückzukommen, Sie erleben jeden Tag Trancezustände, Sie bezeichnen Sie nur mit einem anderen Wort. Trance ist ein natürlicher Zustand. Natürliche Trancezustände erleben wir zum Beispiel in Tagträumen, wenn wir morgens im Bett liegen und noch nicht ganz wach sind, wenn wir lange Strecken fahren oder in der Bank oder vor der Supermarktkasse in der Schlange warten. Haben Sie nicht schon oft eine Telefonnummer gewählt und dann, während das Telefon noch klingelte, an etwas anderes gedacht und nicht mehr gewußt, wen Sie anrufen?"

„So etwas passiert mir doch nicht!"

„Ach übrigens, darf ich Ihnen einen Kaffee anbieten", fragte er.

„Ja gerne."

Während Gene den Kaffee einschenkte, fuhr er fort: „Eines der besten Beispiele hierfür ist ein Kinobesuch. Wenn ein guter Film Ihre Aufmerksamkeit fesselt, dann vergessen Sie, wo Sie sind, bis die Vorstellung zu Ende ist und das Licht angeht. Sie waren in Trance. Wenn wir von jemandem sagen, er sei eine charismatische Persönlichkeit, entfaltet er in der Regel seine Wirkung in der Kommunikation mit anderen Menschen, sei es nun am Telefon oder im persönlichen Gespräch.“

„Wie John Deltone oder Paula Zbnewski“, ergänzte ich.

„Ich kenne Paula Zbnewski nicht, aber auf John Deltone trifft das sicherlich zu.“

„Auf dem Flug hierher habe ich einen Zeitungsartikel über Streßbewältigung gelesen. Dort wurden Visualisierungen und Entspannungstechniken erwähnt. Kann man das auch als Selbsthypnose bezeichnen?“

„Ja, für den besonderen Zustand, der einfach durch die Entspannung aller Muskeln des Körpers erreicht wird, gibt es viele Namen: Visualisierung, gesteuerte Verbildlichung, Progressive Relaxation, Autogenes Training, Meditation, Tagträumen oder sogar Beten. Medizinisch gesprochen handelt es sich um Alpha- und Theta-Gehirnströme. Man kann das Gehirn ‚umprogrammieren‘, wenn es sich in diesem Zustand befindet.“

„Sie scheinen das Gehirn ja für eine Art von Computer zu halten.“

„Ein neueres Gehirnmodell beschreibt den Geist beziehungsweise das Gehirn tatsächlich als eine Art von Bio-Computer, der aus Informationen in Form von geistigen Bildern zusammengesetzt ist, die man Hologramme nennt.“

„Hologramme?“

„Haben Sie eine MasterCard dabei?“

„Ja, ich glaube doch.“ Ich suchte in meinen Taschen, nahm die Karte aus meiner Brieftasche und überreichte sie Gene.

Sie zeigte das kleine, dreidimensionale Bild eines Adlers. „Das ist ein Hologramm“, sagte Gene. „Hologramme sind gerade sehr beliebt, man bekommt Sie in jedem Geschenkartikelladen. Sie werden mit Laserstrahlen hergestellt. Anders als ein zweidimensionales Foto kann man ein Hologramm zerschneiden, es unter einen Laserstrahl halten und dann das ganze Bild wiederherstellen, denn die gesamte Bildinformation ist gleichmäßig über die Oberfläche verteilt."

„Das ist ja erstaunlich!"

„Allerdings. Man nimmt an, daß der menschliche Geist alles aufzeichnet, was er erfährt, ob es uns nun bewußt ist oder nicht. Und diese Aufzeichnungen werden gespeichert. Diese Aufzeichnungen sind abrufbereit, wenn wir uns daran erinnern wollen. Wenn wir unseren inneren ‚Film' abspielen, kann er bewegte Bilder zeigen, oder wir können ein einzelnes Bild gleichsam einrahmen und betrachten."

„Haben Sie ein Beispiel dafür?"

„Kein Problem. Stellen Sie sich bildlich Ihre Frau vor."

„Ja, ich sehe sie."

„Und jetzt Ihr Schlafzimmer."

„Ja."

„Was ist Ihr Lieblingssport?"

„Golf."

„Nun rufen Sie ein Bild Ihres letzten Golfspiels herbei, und spielen Sie nochmals die ersten Löcher."

Ich muß ein wenig bedrückt ausgesehen haben, denn er fragte mich, was passiert sei. Ich antwortete: „Ich habe ein Loch aus 50 Zentimetern Entfernung verfehlt."

Dr. Ferrara lachte: „Suchen Sie sich doch einfach ein Spiel aus, bei dem Sie besonders gut waren. Dieser Film wird Ihnen dann besser gefallen."

Ich folgte seinem Ratschlag. Nach wenigen Augenblicken begann der Film zu laufen.

„Schön. Und nun stellen Sie sich die Schulturnhalle vor."

„Ich hab's."

„Und nun Ihr erstes Auto."

Das war einfach, es war ein VW-Käfer gewesen.

„Wie wäre es mit Ihrer Lieblingslehrerin aus der Grundschule?"

Das dauerte etwas länger, aber dann erschien ein ganz klares Bild in meinem Kopf.

,,Wie Sie sehen'', sagte er, ,,sind alle Ihre Erinnerungen in dreidimensionaler Form gespeichert. Interessanterweise enthalten diese geistigen Hologramme drei Arten von Informationen. Sie sind visuell, auditiv und kinästhetisch.''

,,Meinen Sie, das entspricht den drei Telefontypen?''

,,Genau.''

,,Sie zeichnen auf, was Sie sehen, hören, fühlen, riechen und auch – wenn Sie essen – den Geschmack. Wenn Sie sich an etwas Vergangenes erinnern und auf diese Erinnerung achtgeben, werden die Informationen aktiviert und sie sehen, was sie einmal gesehen haben, hören die Geräusche und fühlen alle Reize, als ob alles im gleichen Augenblick noch einmal passierte. Der Schlüssel heißt Aufmerksamkeit.''

,,Warum gerade Aufmerksamkeit?''

,,Das ist eine gute Frage.'' Er legte eine Pause ein und wirkte ganz in Gedanken verloren, dann sagte er ,,Erzeugen Sie vor Ihrem geistigen Auge ein Bild Ihrer schlechtesten Eigenschaften. Konzentrieren Sie alles Negative, das Sie je über sich selbst gedacht oder von anderen über sich gehört haben, in diesem Bild.''

,,Sie meinen zum Beispiel Dinge wie, ich sei zu dünn, zu faul, zu ungeschickt am Telefon. So etwas in der Art?''

,,Richtig.''

,,Oh Mann'', sagte ich. Es dauerte etwa zehn Sekunden, bis ich mit allen meinen negativen Eigenschaften vor mir stand. Ich stand wie gelähmt vor dem Telefon, paralysiert von der Pflicht, einen Anruf zu machen, ich sah unglücklich aus, unordentlich, faul, dumm, häßlich, erfolglos . . . muß ich noch mehr sagen?

,,Haben Sie es? Schön. Schieben Sie dieses Bild nun auf die linke Seite Ihrer inneren Leinwand. Ich möchte jetzt, daß

Sie eine Zusammenstellung aller Ihrer positiven Charakterzüge machen. Dazu gehört alles Gute, was Sie jemals von sich gedacht haben, wie Sie aussahen, als Sie sich in Ihrem Leben am besten fühlten, die schönsten Komplimente, die Sie jemals bekommen haben, vielleicht sogar einen Augenblick, als Sie telefonisch ein gutes Geschäft abgeschlossen haben."

„In Ordnung." Ich wußte, das würde mir weniger schwer fallen; und ich hatte Recht. „Gut, ich sehe es."

„Sehr gut, das machen Sie einfach prima. Nehmen Sie nun nochmals das Bild Ihrer negativen Eigenschaften, projizieren Sie es wieder auf Ihre Leinwand, und stellen Sie es neben das Bild, das Sie gerade von Ihren positiven Eigenschaften gemacht haben. So, als würden Sie zwei Dias auf die Leinwand projizieren."

Da standen nun die Bilder vor mir, klar wie der helle Tag.

„So, Bob, jetzt möchte ich Ihnen eine sehr wichtige Frage stellen. Welches dieser Bilder zeigt die Wahrheit?"

Ich befürchtete eine Falle und wurde ein wenig nervös.

Genes wache Sinne mußten mein Zögern bemerkt haben, er fügte hinzu: „Raten Sie doch einfach."

„Ja, um ganz ehrlich zu sein, das linke Bild", antwortete ich.

„Das habe ich erwartet. Sie leiden an mangelndem Selbstvertrauen, Sie lieben sich zu wenig."

Ich versuchte, ehrlich zu sein „So fühle ich mich meistens."

„Das glaube ich Ihnen, zumindest war das bisher immer so. Aber Sie werden zu Ihrer großen Freude feststellen", sagte er mit leiserer Stimme, „daß Sie in den nächsten Stunden, Tagen, Wochen und Monaten anfangen werden, sich selbst mehr zu lieben, sich mehr zuzutrauen, das Telefon wirksamer einzusetzen; und das mühelos und mit überraschendem Erfolg."

Mir ist nicht ganz klar, was er getan hatte, aber in dem

warmen, gemütlichen Schweigen, das folgte, schien sich das Zimmer zu verändern, und ich hatte wieder das seltsame Gefühl, daß die Zeit stillstand. Beim Sprechen schien seine Stimme von weither zu kommen.

,,Also, Bob, welches dieser beiden Bilder zeigt nun die Wahrheit?"

,,Ach so, das hätte ich fast vergessen, sagen wir, das positive."

,,Nicht wirklich."

Jetzt war ich wirklich verwirrt. ,,Das negative Bild?"

,,Nein, das auch nicht."

Ich dachte noch einen Augenblick nach. ,,Beide?"

,,Richtig", sagte er, und läutete dabei mit einer kleinen Messingglocke, die auf seinem Schreibtisch gestanden hatte. ,,Beide Bilder entsprechen der Wahrheit und wiederum auch nicht. Es kommt darauf an, *welches Sie für wahr halten wollen, auf welches Sie achten*. Ihre Aufmerksamkeit aktiviert die Information. Alle geistigen Bilder in Ihrem Kopf sind Archivmaterial, in einem gewissen Sinne tot, und zwar so lange, bis Sie sie herbeirufen und auf sie achten. Es ist wichtig, dies zu verstehen, wenn Sie Ihren Geist verstehen und kontrollieren wollen, denn er ist ein wunderbarer Diener und ein schrecklicher Despot. Der Geist kontrolliert das Leben der meisten Menschen, das ist eine Schande. Er ist wie ein Ochse, der seinen Herrn den Pflug ziehen läßt." Er legte eine kurze Pause ein und sagte: ,,Hier, ich werde es Ihnen zeigen. Fühlen Sie sich im Augenblick bedrückt oder eher fröhlich?"

,,Nein, eigentlich nicht. Ich fühle mich ganz normal, ein wenig entspannt vielleicht."

,,Darf ich einmal Ihre Kaffeetasse sehen?"

Ich gab ihm die Tasse, beobachtete, wie er hineinsah und sie mit folgender Frage zurückgab: ,,Ist Ihre Tasse halb voll oder halb leer? Diese einfache Frage hat mehr mit Ihren Telefonkünsten zu tun als Sie denken. Wenn Sie auf die Erfolge und Fähigkeiten achten würden, die Sie schon haben, auf die Segnungen und Wunder in Ihrem Leben, dann würden diese wachsen. Alles, worauf Sie achten, wird wachsen. Wenn ein Tennisspieler, der schon drei Bälle verschlagen hat, sich innerlich auf die letzten drei Aufschläge konzentriert, wie wird dann sein vierter Aufschlag werden?"

„Auf keinen Fall gut, da bin ich ganz sicher."

„Die Sportpsychologie nennt das ‚Paralyse durch Analyse'. Sie müssen Ihre Aufmerksamkeit von vergangenen, negativen Erfahrungen abwenden und auf den gegenwärtigen Moment konzentrieren, der voller unbegrenzter Möglichkeiten ist."

„Für mich sieht das gar nicht so einfach aus. Da sitze ich nun den ganzen Tag am Telefon. Ich habe zehn Telefongespäche geführt und nur einen Termin vereinbart. Ich bekomme langsam Angst und Abneigung vor dem nächsten Gespräch. Am liebsten würde ich für diesen Tag ganz aufhören zu arbeiten, wenigstens jedoch nicht mehr anrufen."

„Bob, das könnte sogar eine gute Strategie sein. Es kommt bloß darauf an, ob sie bei Ihnen funktioniert. Wenn man nur einen Hammer hat, wird man alles, was einem begegnet, wie einen Nagel behandeln. Sie könnten wesentlich mehr Instrumente einsetzen, wesentlich mehr Telefonstrategien anwenden, habe ich nicht recht?"

„Ja", antwortete ich.

„Jetzt bin ich neugierig. Hat man Ihnen bei der Ausbildung zum Versicherungsvertreter nicht erzählt, daß Sie damit rechnen müssen, bei hundert Anrufen im Monat – sagen wir einmal – vier Policen in der Woche zu verkaufen?"

„Ja, es gab solche Zahlen, auch wenn ich mich nicht mehr genau daran erinnere."

„Nun gut, wenn Sie es für sinnvoll halten, dann könnten

Sie das, was Sie Fehlschläge nennen, die Absagen, die Sie am Telefon bekommen, in kleine Erfolge umwandeln. Jedes ‚Nein' bringt Sie statistisch gesehen einem ‚Ja' näher. So ist dann jedes ‚Nein' ein kleines ‚Ja', jeder Rückschlag eine Bestärkung. Zu den Eigenschaften eines Meisters am Telefon gehört auch, daß er nicht von Perfektionismus besessen ist, er benutzt Fehler und Mißerfolge als Grundlagen für die Selbstkorrektur, nicht für die Selbstbestrafung."

„Wie kann ich denn meine vergangenen Fehler daran hindern, mir das Leben zu vermiesen? Sie verstärken meine Selbstzweifel."

„Eine Möglichkeit besteht darin, einen weiteren Aspekt unseres Geistes zu verstehen."

„Welchen?" fragte ich. Ich war jetzt bereit, mich auf alles einzulassen.

„Sie sind nicht Ihr Geist", sagte er mit vollkommen ernstem Gesicht und überzeugender Stimme.

„Aber mein Geist macht mich doch zu dem, der ich bin, oder etwa nicht?" Ich hatte das immer als absolute Wahrheit aufgefaßt. Ich hatte es nicht ein einziges Mal angezweifelt.

„Falsch."

Ich saß einen Augenblick schweigend da. Ich wußte, daß der Doktor nicht scherzte, aber ich wußte nicht, worauf er hinauswollte. Dann sagte ich: „Könnten Sie mir einen Hinweis geben, wovon Sie sprechen? Nur einen kleinen Hinweis?"

Er lachte, bis er rot anlief. „Das war köstlich. Sie hätten Ihren Tonfall hören sollen, als Sie das sagten." Er fuhr zur Kaffeekanne hinüber und füllte unsere Tassen auf. Beim Einschenken sprach er weiter: „Bei den alten Griechen gab es ein System der Dreieinigkeit, daß man Seele, Geist und Körper nannte. Sie sind eine Seele, unsterblich und mächtig. Sie haben einmal Ihren Körper besetzt, er ist Ihr Fahrzeug. Die

Schalttafel zwischen Ihnen, der Seele, und dem Körper ist der Geist.

So gesehen ist das Gehirn, das zu Ihrem Körper gehört, die Hardware, und der Geist ist die Software. Sie kontrollieren den Körper durch Vorstellungen, durch Bilder und Hologramme. Nennen Sie es, wie Sie wollen. Wenn Sie nun einen Schluck Kaffee trinken wollen, dann ist zuerst das Bild oder der Gedanke da, dann erst folgt der Körper Ihren Anweisungen. Wenn Sie einen Hammer benutzen, dann halten Sie sich doch nicht etwa für diesen Hammer?"

„Nein."

„Sie besitzen ein Auto. Wenn Sie einsteigen und losfahren, dann denken Sie nicht, Sie seien ein Auto. Sie wissen, daß Sie das Auto fahren und es benutzen, um Ihren Körper von einem Ort zum anderen zu bewegen. Richtig? Warum glauben Sie also, daß Sie Ihr Geist sind? Sie benutzen ihn nur. Er ist ein nützliches System zur Speicherung und Abrufung von Daten. Er ist wirklich praktisch, aber er ist nicht Sie selbst. Sie sind sein *Anwender*. Stellen Sie sich zum Beispiel einmal bildlich einen Baum vor. Sehen Sie ihn?"

„Ja."

„Sie werden bemerken, daß Sie der Betrachter, der Zeuge, der Beobachter des Bildes sind. Sie sind nicht der Bildgedanke dieses Baums. Sie sehen ihn nur auf Ihrer inneren Leinwand. Wenn Sie das Bild wären, würden Sie es nicht betrachten können. Sie müssen getrennt von ihm existieren, damit Sie es beobachten können."

„Sie haben recht", sagte ich mit dem Gefühl, gerade etwas Wichtiges erkannt zu haben.

„Diese Erkenntnis bedeutet Freiheit, die Befreiung von den negativen Aspekten des Geistes. Sobald ein Mensch erkennt, daß er nicht aus seinen Bildern, Gedanken und Informationen besteht, hat er die Befreiung von der Tyrannei der Vergangenheit erreicht."

„Selbst wenn ich das weiß, was passiert denn, wenn ich in negativen Gedanken bade oder ein alter Film in meinem Kopf abläuft und ich mich nicht von ihm lösen kann?"

„Das ist eine gute Frage. Sie können vieles tun. Sie können die Farbe des Bildes verändern, seine Beschaffenheit, Größe, den Ort des Ereignisses, die Helligkeit oder die Tatsache, ob es nun im Mittelpunkt steht, sogar die Lautstärke, in der die Beteiligten sprechen – im Prinzip also alle seine Eigenschaften. Ob Sie es glauben oder nicht, sie können Ihre Gedanken, Ihre inneren Hologramme mit Hilfe dieser neuen Informationen kontrollieren. Am leichtesten werden Sie es verstehen, wenn wir gleich einen Versuch machen. Sind Sie bereit?

„Ich bin bereit", sagte ich.

„Das ist gut. Wir werden unseren Spaß haben. Stellen Sie sich zunächst bildhaft vor, wie Sie früher mit dem Telefon umgegangen sind. Ein Bild genügt, ein einziges Bild, daß für Sie alle Ihre früheren Glaubenssysteme repräsentiert, besonders die Bereiche, die Sie ändern wollen. Geben Sie ihm eine Größe von etwa 35 mal 45 Zentimeter. Es soll ungefähr wie ein Farbposter aussehen."

Ich brauchte nur ein paar Sekunden, um dieses Bild zu sehen.

„Wo sehen Sie das Bild? Direkt vor sich, oben links, unten links, oben rechts oder unten rechts?"

„Es befindet sich direkt vor mir."

„Gut so. Fügen Sie nun in die untere, rechte Ecke des Bildes ein circa sieben mal zwölf Zentimeter großes schwarzweißes holographisches Bild ein, das zeigt, wie Sie am Telefon *sein wollen*."

„Schwarzweiß?"

„Ja."

„Gut, ich sehe es."

„Fein. Sie werden jetzt diese Bilder austauschen, wenn ich in die Hände klatsche und ‚wechseln' sage. Sie nehmen das große Farbbild und lassen es zu einem kleinen Schwarzweißbild schrumpfen, gleichzeitig nehmen Sie das kleine Schwarzweißbild, das zeigt, wie Sie sein wollen, und vergrößern es zu einem Farbbild. Wenn wir das einige Male geschafft haben, dann lasse ich Sie noch andere Dinge mit den Hologrammen machen."

„Ich bin soweit, Doktor", sagte ich spielerisch. Ich fühlte mich wirklich so, als ob ich Gene Ferrara schon lange kannte und wir alte Freunde wären, die ein Spiel miteinander spielten.

„Fertig? Sind beide Bilder an Ihrem Platz?"

„Ja, beide sind da."

„Ich zähle bis drei und klatsche dann in die Hände. Eins, zwei, drei, wechseln!"

Ich tauschte die Bilder aus, das kleine wurde zu einem großen Farbposter, das mich als Meistertelefonierer zeigte, das alte, negative Bild schrumpfte fast auf der Stelle zu einem geistigen Bild von Postkartengröße zusammen.

„Gut, nun bringen Sie die Bilder wieder auf Originalgröße zurück. Wir wiederholen den Vorgang. Sind Sie bereit?"

„Ja."

„Fein, eins, zwei, drei, wechseln", befahl er mit einem scharfen Händeklatschen. Die Bilder tauschten wie beim ersten Mal den Platz, nur diesmal ging es schneller.

„Noch einmal. Eins, zwei, drei, wechseln", wiederholte er mit lautem Klatschen.

„Wechseln Sie sie wieder aus. Fertig?"

„Ja."

„Eins, zwei, drei!"

„Fertig, sie sind vertauscht."

Auch wenn Ihr
Gesichtsausdruck und Ihre Körperhaltung
am Telefon unsichtbar sind, sind sie doch
ein wichtiger Bestandteil
der übermittelten Botschaft.
Ein Lächeln am Telefon ist hörbar!

,,Und noch einmal."

,,Fertig."

,,Sehr gut, stellen Sie die Bilder jetzt 15 Zentimeter vor Ihr Gesicht. Jetzt 15 Zentimeter über Ihren Kopf. Dann 15 Zentimeter hinter Ihren Kopf. Klappt es?"

,,Ja."

,,Bringen Sie es jetzt 15 Zentimeter vor Ihr Gesicht zurück."

,,Da ist es", sagte ich.

,,Jetzt wieder 15 Zentimeter über Ihren Kopf."

,,Fertig. Es wird mit jedem Mal ein wenig einfacher."

,,So ist es, Bob, Ihr Geist lernt gerade, wie man lernt. Stellen Sie das postkartengroße Bild wieder hinter Ihren Kopf."

,,In Ordnung."

,,Und jetzt einen halben Meter hinter Ihren Kopf, einen Meter, zwei Meter, fünf Meter hinter Ihren Kopf."

,,Wird gemacht." Mir wurde langsam schwindlig.

,,Und jetzt 20 Meter hinter Ihren Kopf, 50 Meter hinter sich."

Plötzlich fühlte ich mich, als fiele eine schwere Last von meinen Schultern. Aber bevor ich etwas sagen konnte, sprach er mit hoher, schneller Stimme. ,,Jetzt, da Sie diesen Weg zurückgelegt haben, nehmen Sie das Bild, das Sie als Telefonmeister, so wie Sie sein wollen, zeigt, und vergrößern Sie es auf etwa 60 mal 120 Zentimeter."

Inzwischen hatte ich den Bogen wirklich raus. Ich hatte keine Mühe, das Bild zu vergrößern.

,,Vergrößern Sie es jetzt auf 1,20 mal 2,40 Meter."

,,Geschafft."

,,Nun machen Sie es lebensgroß."

Ich nickte mit dem Kopf.

,,Bob, das machen Sie großartig. Verbessern Sie jetzt die Farben. Lassen Sie sie richtig leuchten."

Ich wußte nicht genau, was vorging und wie das alles funk-

Die Welt liegt nur einen Anruf
weit entfernt. Sie können mit dem
Telefon Menschen erreichen,
die Sie persönlich nie sprechen könnten.

tionierte, aber ich spürte, wie ein strahlendes, unbewußtes Lächeln sich auf meinem Gesicht ausbreitete. Für einen Augenblick tauchte der Gedanke in mir auf, ob mich Gene Ferrara etwa gerade hypnotisierte.

,,Gut so'', sagte er mit begeistertem, ermutigendem Tonfall. ,,Noch farbiger, strahlender, strahlender, die Zukunft leuchtet hell.'' Dann brach er abrupt ab und ließ mich mit den schönsten, merkwürdigsten Gefühlen allein. Einzelne Stellen meines Körpers prickelten. Ich lebte ganz für den Augenblick, als hätte die Zeit aufgehört zu existieren.

,,Und nun, da Sie so vollständig entspannt sind'', sagte Dr. Ferrara in völlig verändertem Tonfall, ,,möchte ich Ihnen eine Geschichte erzählen.'' Er rollte etwas näher zu mir hin und begann, auf eine ganz merkwürdige Art mit mir zu sprechen. Fast, als ob er einem Kind eine Gutenachtgeschichte erzählte.

,,Soll ich die Augen beim Zuhören schließen?''

,,Nein, das ist nicht nötig. Tun Sie, was Sie wollen, fühlen Sie sich einfach wohl. Sie dürfen lachen, Sie dürfen die Geschichte langweilig oder auch spannend finden, Sie dürfen auch einschlafen. Das spielt keine Rolle. Ein Teil von Ihnen hört mit dem dritten Ohr zu. Ein sehr tiefer und besonderer Teil, der auch Unausgesprochenes hört, der dem Unsinn einen Sinn gibt, der die Pausen zwischen den Worten liest und versteht. Und wenn ich aus irgendeinem Grund etwas sage oder tue, sei es in Worten oder wortlos, das für Ihr Leben nicht geeignet oder nicht optimal ist, wird Ihr Unterbewußtsein es automatisch zu etwas angemessenerem und besseren in Ihrem Leben verwandeln . . .''

Es war einmal ein kleiner Junge, der hieß Codey und lebte in einer sehr glücklichen Familie. Die Familie wohnte in Ohio, das ist ein Staat in den USA. Einmal lagen am Weihnachtsmorgen unter dem Weihnachtsbaum, der mit Kerzen, Kugeln und Lametta geschmückt war, viele Geschenke, die in Papier eingewickelt waren, das in allen Regenbogenfarben leuchtete. Es gab große Pakete und kleine Pakete.

Seine Eltern schliefen noch oben im Schlafzimmer, aber das machte nichts, denn sie hatten ihm erlaubt, ein Päckchen zu öffnen und mit dem Geschenk zu spielen, bis sie aufwachten. Welches Päckchen sollte er nur öffnen? Codey hob alle auf, hielt sie in seinen kleinen Händen und schüttelte und betastete sie. Er zeigte alle Päckchen Bumper, seinem unsichtbaren Freund und Spielkameraden. Bumper war eines Nachts nach einem bösen Traum zu ihm gekommen. Codeys Mutter war in sein Zimmer gekommen, als er gerufen hatte, und hatte ihn im Arm gehalten. Sie war so weich und warm und hatte nicht aufgehört, seine Haare zu streicheln und hatte gesagt: „Aber Codey, du mußt keine Angst vor Dingen haben, die in der Nacht bumm-bumm machen.“ Und am nächsten Tag, nachdem er tief und fest geschlafen hatte, erschien Bumper, lächelte Codey an und kaute einen Kaugummi.

Deshalb zeigte Codey Bumper alle Päckchen und bat ihn, eines auszuwählen. Bumper wußte immer, was zu tun war. Und Bumper schaute und wählte am Ende eines aus. Codey riß einfach schnell das Papier ab, so daß um ihn herum alles bunt leuchtete, was ihn glücklich und aufgeregt machte. In der Schachtel befand sich ein Spielzeugtelefon mit zwei großen glänzenden Silberglocken. Es hatte eine große Wählscheibe mit Zahlen darunter und ein freundliches, aufgemaltes Gesicht. „Jetzt bin ich genau wie Mama und Papa“, dachte er. „Ich habe jetzt mein eigenes Telefon und kann auf der großen, weiten Welt überall hin anrufen . . .“

Nun, er fing sofort an, Nummern zu wählen, und jedesmal, wenn er den Finger in ein Loch steckte und die Wählscheibe drehte, klingelten die Glocken ihr fröhliches Lied. Er hatte großen Spaß. Er rief Großmutter und Großvater, seine Lieblingstante und seinen Lieblingsonkel und seinen Freund an, der ein paar Häuser weiter wohnte. Er führte die schönsten und aufregendsten Gespräche, bis ihm auffiel, daß er Bumper noch gar nicht angeboten hatte, auch einmal anzurufen. Deshalb tat er so, als wäre der Anschluß besetzt und gab Bumper das Telefon, der sehr froh war, daß er auch einmal mit dem neuen Spielzeug spielen durfte.

„Wen willst du anrufen?"

„Ich will zu Hause anrufen", antwortete Bumper.

„Ich dachte, du bist hier zu Hause, Bumper, hier bei mir."

„O nein, Codey, ich bin nur zu Besuch hier, um eine Weile mit dir zu spielen. Eines Tages werden dir deine Eltern erzählen, daß du zu alt bist, um noch einen unsichtbaren Freund zu haben, und ich werde wieder nach Hause gehen."

Wie man sich vorstellen kann, war Codey darüber sehr traurig, und Bumper legte ihm den Arm um die Schulter und sagte „Das ist nicht schlimm, eines Tages, wenn du mich am meisten brauchen wirst, komme ich zurück."

„Wo kommst du her?" fragte Codey.

„Ich komme aus einem Ort, den man nicht sehen kann."

„Warum kann ich dich dann sehen?"

„Weil du an mich glaubst."

„Werde ich dich eines Tages zu Hause besuchen dürfen?"

„Natürlich, wann immer du willst."

„Warum nicht jetzt sofort", fragte Codey.

„Erst mußt du wieder ins Bett gehen und noch ein wenig schlafen."

„Ja, das will ich tun." Und Codey ging zusammen mit Bumper in sein Zimmer zurück und legte sich mit ihm schlafen. Er schlief ganz fest und hatte einen aufregenden Traum. Bumper war in dem Traum bei ihm, er konnte gar nicht wirklicher sein und sagte mit einem freundlichen Lächeln, das über sein ganzes Gesicht strahlte ,,Komm, Codey, wir machen jetzt eine magische Reise.‘‘ Plötzlich schwebte er in der Luft.

,,Kann ich das auch?‘‘

,,Natürlich. Du besitzt viele Kräfte, von denen du so lange nichts weißt, bis du sie ausprobierst.‘‘

,,Aber ich habe Angst.‘‘

,,Das ist normal. Ich hatte beim ersten Mal auch Angst.‘‘ Bumper schwebte zu Codey hinüber und legte seinen Arm um ihn.

,,Ich kann deinen Arm fühlen, Bumper, er fühlt sich so echt an. Ich dachte doch, ich träume.‘‘

,,Du träumst und bist mitten im Traum aufgewacht. Ist das nicht komisch?‘‘

Dann stand Codey auf und versuchte, wie Bumper zu schweben. Aber er konnte es nicht. Er sagte: ,,Ich kann es nicht, Bumper.‘‘

,,Du gibst dir nur zu viel Mühe. Je mehr du dich entspannst, desto leichter wirst du. Atme einfach ein paarmal tief ein und aus.‘‘

Codey begann langsamer ein- und auszuatmen, und er fühlte, wie er leichter und leichter wurde. Schließlich löste er sich zu seiner großen Freude doch vom Fußboden ab und schwebte.

Bumper klatschte in die Hände und lachte und sagte: ,,Komm, folge mir.‘‘ Sie flogen durchs Fenster hinaus in den frühen Morgen.

Sie stiegen immer höher über die Erde. Codey kicherte, als könnte er kaum glauben, was geschah. Dann fiel ihm auf, daß sich über die Erde ein Netz aus leuchtenden Telefonleitungen spannte, die alle Teile der Welt mit einem wunderschönen Gewebe aus flackernden Lichtern miteinander verbanden. „Die Erde sieht ja aus wie ein kugeliger Weihnachtsbaum!“

„Ist sie nicht wunderschön?“

Codey flog sehr schnell und drehte Loopings in der Luft, er jubelte vor Freude. Dann blieb er direkt vor Bumper in der Luft stehen und umarmte ihn lange. „Du bist mein allerbester Freund, Bumper! Es ist wunderbar!“

Dann wurde Codey plötzlich sehr ernst und fragte: „Was glaubst du, worüber sprechen all die Menschen dort unten? Sprechen Sie alle mit ihrer Großmutter?“

Bumper lachte so laut, daß er sich den Bauch halten mußte. „Man könnte sagen, sie strecken die Hand aus, um Menschen zu berühren, die zu weit weg wohnen, um mit der echten Hand berührt werden zu können. Mir gefällt der Gedanke, daß alle diese Lichter dort unten Küsse und Umarmungen sind, die gleichzeitig in die ganze Welt geschickt werden.“

„Das ist schön, aber können wir jetzt nach Hause fliegen, damit Mama und Papa nicht böse mit mir sind?“

„Mach dir keine Sorgen, Codey. Es ist alles in Ordnung. Folge mir, ich möchte dir einen wunderschönen Ort zeigen, bevor wir nach Hause fliegen.“

Dann flog Bumper blitzschnell zwischen den Sternen hindurch, Codey folgte dicht hinter ihm. „Wohin fliegen wir, Bumper?“

„Ich will dir die größte Bibliothek des Universums zeigen.“

„Wie schön! Können wir nicht schneller fliegen?“ Und schon flogen sie noch schneller als bisher. Es dauerte keine Minute, bis Codey den leuchtendblauen Stern sah, auf den sie zuflogen.

„Die Bibliothek befindet sich im Inneren des Sterns, Codey. Nimm meine Hand, ich führe dich hinein.“

,,Das ist ein toller Traum", dachte Codey und fragte sich, ob er sich noch an ihn erinnern würde, wenn er wieder erwachte. Plötzlich befand er sich in einem riesigen, ehrfurchtgebietenden Raum, der voller Bücher, Schallplatten, Computermonitore, Fernsehgeräte war und außerdem eine Vielzahl von Telefonen enthielt. Es war ein sehr belebter Ort, und jeder der Anwesenden schien Bumper zu kennen.

,,Komm hierher, Codey, ich möchte dir etwas zeigen." Bumper schwebte zu einem Computer und gab Codeys Namen ein.

Dann geschah etwas ganz Erstaunliches. Codeys Leben wurde auf dem Monitor sichtbar. ,,Oh, das ist ja toll. Da ist ja Mama, die mich im Arm hält, als ich noch ein Baby war. Es ist wie unser Fotoalbum zu Hause, nur bewegt sich alles." Codey sah auch den Augenblick wieder, als der Anruf kam, daß Urgroßvater gestorben war. Er hatte gar nicht mehr mit Weinen aufhören können. ,,Ich bin so traurig", sagte er mit Tränen in den Augen. ,,Es ist, als wäre es gerade eben passiert."

,,Das stimmt, aber wir können jedes Bild ändern, wenn du möchtest."

,,Gut, aber laß uns nur den Schmerz wegnehmen. Darf ich die Erinnerung behalten, wie Mama mich in den Arm nahm und an die große Portion Eis, die sie mir nach der Beerdigung gekauft hat?"

,,Klar, das geht." Bumper drückte einige Tasten, und schon war der Schmerz verschwunden.

,,Das ist schön. Werde ich mich daran erinnern, wie das geht, wenn ich zu Hause aus diesem Traum aufwache?"

,,Aber klar", sagte Bumper, ,,selbst wenn du später, wenn du älter bist, es vergißt, dich daran zu erinnern. Wenn du dich daran erinnern mußt, wenn du erwachsen bist, können wir jetzt eine Erinnerung einfügen, damit dich jemand anderer daran erinnert, daß du diese Kraft besitzt.“

„Können wir das jetzt tun, nur für den Notfall?“

„Aber sicher. Genau das ist meine Aufgabe.“

„Ich bin deine Aufgabe“, fragte Codey ungläubig. „Ich dachte, du wärest mein Freund.“

„Das bin ich doch“, sagte Bumper und umarmte ihn. „Die Große Mama und der Große Papa sagten, ich solle auf dich aufpassen. Ich bin so etwas wie ein Beschützer.“

„So wie ein Schutzengel, von dem der Pfarrer in der Kirche immer erzählt?“

„So ähnlich“, sagte Bumper lachend.

„Aber wo sind deine Flügel?“

„Meine Vorstellungskraft gibt mir Flügel.“

Codey dachte lange nach und fragte dann: „Wer sind denn die Große Mama und der Große Papa? Sind sie deine Eltern?“

„Sie sind die Eltern von allen Menschen. Sie haben das Universum erschaffen und halten es in Gang. Sie zahlen die Stromrechnung für die Sonne und die Miete für den ganzen Weltraum.“

„Toll! Ich möchte sofort die Große Mama und den Großen Papa besuchen. Los!“

„Das geht leider nicht.“

„Warum nicht, sind sie nicht zu Hause?“, fragte Codey sehr enttäuscht.

„Sie sind immer zu Hause. Aber es würde zu lange dauern, sie jetzt zu besuchen. Denke daran, du hast in deinem Leben noch ein paar Geschenke auszupacken.“

„Das hätte ich fast vergessen. Mir gefällt es hier so gut.“

„Aber du kannst mit ihnen sprechen, wenn du willst. Du kannst ein Telefon nehmen und sie anrufen.“

„Ja, wirklich?“

,,Jederzeit, wann immer du willst, auch, wenn du wieder zu Hause auf der Erde bist."

,,Ich möchte sie jetzt sofort anrufen. Wie geht das?" Codey sah sich in der kosmischen Bibliothek um. ,,Wo steht ein Telefon, das wir benutzen können?"

,,Wenn es weiter nichts ist", sagte Bumper. ,,Folge mir." Er schwebte zu einem Tisch und sagte: ,,Codey, wir stellen uns jetzt vor, daß hier auf dem Tisch genau so ein Telefon steht, wie du es zu Hause hast, in Ordnung?"

,,Und dann erscheint es einfach?"

,,Sicher tut es das."

,,Das glaube ich erst, wenn ich es sehe."

,,Nein, wenn du weißt, wie du deine Vorstellungskraft einsetzen kannst, dann siehst du es, wenn du es brauchst. Wollen wir jetzt bis drei zählen?"

,,Das ist eine gute Idee. Fertig? Eins, zwei, drei!!!"

Plopp – das Telefon mit der großen Wählscheibe und dem aufgemalten Gesicht stand auf dem Tisch.

,,Toll!" rief Codey.

,,Nun mußt du nur noch die Nummer von der Großen Mama und dem Großen Papa wählen."

,,Aber ich kenne die Nummer doch gar nicht."

,,Ich habe eine gute Nachricht. Die Große Mama und der Große Papa haben einen Freianschluß. Du kannst sie immer anrufen, ohne etwas dafür zu bezahlen. Bist du bereit?"

,,Ja."

,,Wähle einfach Mama-und-Papa. Sieh her, auf der Wählscheibe stehen nicht nur Zahlen, sondern auch Buchstaben."

,,Ach so", sagte Codey und wählte die Nummer. Er hörte es mehrmals klingeln, aber niemand ging ans Telefon. ,,Es geht keiner ans Telefon. Warum gehen sie nicht ans Telefon?"

,,Du hast vergessen, deine Vorstellungskraft zu benutzen."

,,Das stimmt, ich habe es vergessen. Versuchen wir es noch

einmal, ich wollte sagen, tun wir es noch einmal.“ Codey wählte abermals, und dieses Mal meldete sich die Große Mama nach dem zweiten Klingeln.

„Hallo Codey, Papa und ich vermissen dich.“

„Woher weißt du, daß ich es bin, Mama?“

„Die Mutter aller Menschen wird doch wohl die Stimme eines ihrer Söhne erkennen? Ich bin so froh, daß du anrufst.“

„Ich auch. Bumper hat mir gezeigt, wie es geht.“

„Ist er nicht ein großartiger Freund?“

„Das ist er. Ist der Große Papa zu Hause?“

„Er ist gerade im Garten, er versucht, diese Schlange zu vertreiben. Soll ich ihn holen?“

„Nicht nötig, ich kann ja später noch mit ihm sprechen. Zu Hause haben wir auch einen Garten, aber es ist Winter und alles ist verschneit.“

„Ja, ich weiß, und du hilfst deinen Eltern immer beim Unkrautjäten.“

„Ja, das tue ich“, sagte Codey stolz.

„Du sollst noch wissen, daß du ein ganz besonderer Mensch bist und daß wir dich sehr, sehr lieben. Denk immer daran, andere so zu behandeln, wie du selbst behandelt werden möchtest, und alles wird gut sein. Grüß deine Eltern von mir und vergiß nicht, uns oft anzurufen, und erzähle uns, wie es dir geht und ob du etwas brauchst.“

„Das verspreche ich.“

„Ich küsse und umarme dich. Ruf bald wieder an. Tschüs.“

„Tschüs.“

„. . . In den nächsten Stunden, Tagen, Wochen und Monaten werden Sie feststellen, daß Sie immer mehr Liebe, Geduld und Vergebung für sich und andere empfinden. Sie werden konzentrierter sein und sich stärker fühlen, besonders, wenn Sie das Telefon benutzen, Sie werden spüren, daß Sie sich mehr lieben und mehr Selbstvertrauen haben, ohne daß Sie wissen, wie Sie das machen . . . Eins, zwei, drei, Augen auf!"

Ich mußte wohl eingeschlafen sein, während Dr. Ferrara die Geschichte erzählte. Als ich die Augen öffnete, war ich ein wenig benommen, nach ein paar Minuten fühlte ich mich jedoch erholt und verjüngt, so als hätte ich viele Stunden geschlafen. Ich sah auf die Uhr – es waren erst 15 Minuten vergangen. Dr. Ferrara blickte mich lächelnd an, nahm eine Kassette aus seinem Rekorder und überreichte sie mir. „Hören Sie sich diese Geschichte einen Monat lang mehrmals in der Woche an. Das Ergebnis wird Sie freudig überraschen."

„Wie Sie wünschen, Herr Doktor. Entschuldigen Sie bitte, daß ich eingeschlafen bin, es ist mir ein wenig peinlich."

„In Wirklichkeit ist das ein Kompliment für mich", sagte er lachend.

O'Ryans Telefonnotizen

1. Alle Gedanken und geistigen Bilder, die Sie in Ihrem Geist speichern, beeinflussen Sie bis in die Zellebene hinein. Ihr Selbstbild, das, als was Sie sich sehen und wie Sie sich als Wesen definieren, beeinflußt Ihren Körperbau, Ihre Gesundheit, Ihre Gewohnheiten, Ihre persönlichen Beziehungen, Ihren Wohlstand, Ihre geistige Reife und ganz besonders Ihre Telefonkünste ganz entscheidend.

2. Es gibt keine Hypnose. Sie ist nur eine ganz besonders effektive Form der Kommunikation mit dem eigenen Ich und mit anderen Menschen.

3. Persönliches Wachstum ist ein allmählicher Vorgang, kein fertiges Ergebnis.

4. Eine „Trance" ist ein ebenso natürlicher Zustand wie ein Tagtraum. Der Geist erzeugt Alpha- und Theta-Gehirnwellen, die für den Trancezustand charakteristisch sind. Dieser Zustand wird von Natur aus mehrmals täglich, bei Tag und bei Nacht, erreicht. Dieser Zustand läßt sich auch bewußt durch die Entspannung des Körpers und der Gedanken, in einer angenehmen Umgebung oder durch ein positives Erlebnis erreichen. Dafür gibt es viele Namen: Visualisierung, gesteuerte Vorstellungskraft, Progressive Relaxation, Autogenes Training, Selbsthypnose, Meditation, Tagtraum und in einigen Fällen auch Gebet.

5. Unser Gehirn entspricht einem Bio-Computer und arbeitet als ein Informationsspeicher- und Abrufsystem. Wir stellen geistige Hologramme (dreidimensionale Bilder) von allen Ereignissen her, die während unseres Lebens geschehen – alles, was wir sehen, hören, schmecken, riechen

und fühlen, wird in uns abgespeichert. Wenn wir diese geistigen Bilder wieder abrufen, gebrauchen wir unser Gedächtnis.

6. Alle geistigen Bilder, die holographischen Gedankenbilder, sind vergangene Informationen, also vom Charakter her Archivmaterial, und müssen nicht notwendigerweise etwas mit der Gegenwart zu tun haben.

7. Aufmerksamkeit ist der Schlüssel, der die Informationen in unserer Erinnerungsdatenbank aktiviert. Wenn wir uns einer deprimierenden Erinnerung widmen, werden wir langsam depressiv, obwohl das negative Ereignis nicht „jetzt" passiert. Das gleiche gilt für erfreuliche oder kraftspendende Erinnerungen. Das, worauf Sie Ihre Aufmerksamkeit richten, gewinnt an Kraft, egal, was es ist.

8. *Wichtig:* Ihre Persönlichkeit definiert sich nicht aus Ihren Gedanken oder Erinnerungen. Sie sind eine Seele, die einen Körper bewohnt, ein Beobachter von gespeicherten Daten, ein Zeuge und ein Fotograf. Ihre Person besteht nicht aus den Bildern, die Sie sehen. Sie sind derjenige, der es in der Hand hat, auf welche Gedanken oder Überzeugungssysteme er achten will und welche er aktivieren möchte.

9. Es gibt viele Möglichkeiten, die beschriebenen geistigen Hologramme zu beeinflussen und zu kontrollieren, selbst wenn Ihnen das nicht bewußt ist. Sie können Farbe, Größe, Handlungsort, Helligkeit, den Blickwinkel, Lautstärke und Klang sowie die Geschwindigkeit verändern, mit der der Film abläuft.

10. Jeder von uns besitzt ein höheres Ich oder einen Schutzengel, der eine mächtige Kraftquelle und ein guter Führer ist. Vielleicht haben Sie das vergessen.

11. Die „Große Mutter“ und der „Große Vater“ des Universums haben einen gebührenfreien Telefonanschluß, und jeder kann sie anrufen. Wenn Ihnen jemand erzählt, er kenne als einziger die Geheimnummer Gottes, dann sagt er nicht die Wahrheit.

Epilog
Immer den richtigen Draht finden

Es ist merkwürdig, wie leicht wir vergessen, daß nicht immer alles so war, wie es heute ist.

Gestern saß ich gerade in meinem Büro vor dem Computer. Ich hatte mein neues Kopfhörer-Telefon aufgesetzt, daß ich mir gekauft hatte, damit ich während meiner häufigen Telefongespräche Notizen in den Computer eingeben kann.

Ich hatte inzwischen nicht nur die jährliche Prämie meiner Versicherungsgesellschaft für den Vertreter erhalten, der die meisten neuen Kunden anwirbt, ich hatte auch festgestellt, daß mein neugewonnenes Vertrauen dem Telefon gegenüber auch Auswirkungen auf andere Lebensbereiche hatte, selbst bis in mein Privatleben hinein. Ich fühlte mich in meiner Haut wohler, ich liebte mich selbst mehr, ich mochte meinen Job, ich fand mehr Freunde unter den Mitarbeitern in meinem Büro. Es war eine unglaubliche Verwandlung mit mir geschehen, und das innerhalb von nur neun Monaten.

Zwischen den einzelnen Telefongesprächen praktizierte ich oft die Selbsthypnose- und Entspannungstechniken, die ich von Dr. Ferrara gelernt hatte. Ich visualisierte meine nächste Aufgabe oder das nächste, im Geiste bereits abgeschlossene Geschäft. Ich hatte als Ergebnis einer meiner Visualisierungen auch ein neues Büro mit Fenster zum Park erhalten. Die Sprechanlage summte und unterbrach meine Träumereien. „Mr. O'Ryan", sagte die Stimme meiner Sekretärin, „es ist alles für die Telefonkonferenz, die Sie abhalten wollen, arrangiert. Ich habe Mr. Partridge in Los Angeles und seine Frau in Honolulu in der Leitung."

Wie immer machte es mir Freude, die melodiöse Stimme

meiner Sekretärin zu hören. Ich hatte mit Dutzenden von Bewerberinnen Gespräche geführt. Im Zentrum der Gespräche stand jeweils die Frage, was die Bewerberin für den Schlüssel zu hervorragenden Leistungen am Telefon hielt. Ohne zu zögern, hatte mir Donna direkt in die Augen gesehen und gesagt: „Freundlichkeit."

Ich engagierte sie auf der Stelle.

Ich befand mich wieder in der Gegenwart und sagte: „Vielen Dank, Donna. Stellen Sie die Gespräche bitte durch."

Mr. und Mrs. Partridge begannen gleichzeitig zu sprechen. Ich lachte innerlich darüber, wie dieses Durcheinander mein altes Ich durcheinandergebracht hätte. Nachdem ich den Rhythmus ihrer Sprachmuster bestimmt und mich auf ihren Atemrhythmus eingestellt hatte, leitete ich das Gespräch wie ein Dirigent seine Musiker. Die versicherungstechnischen Fragen waren schnell geklärt, der Anruf war vorüber, bevor ich noch richtig warm geworden war.

Wieder summte meine Sprechanlage. „Ja bitte?"

„Mr. O'Ryan, ein gewisser Walter Rensing möchte mit Ihnen sprechen. Kann er hereinkommen?"

Dieser Mann hatte mich gestern angerufen. Er hatte so undeutlich in den Hörer genuschelt, daß ich ihn kaum verstehen konnte. Er schaffte es schließlich, mir mitzuteilen, daß John Deltone ihm vorgeschlagen hatte, einen Termin mit mir auszumachen. Mein Leben war inzwischen so ausgefüllt, daß ich schon seit einigen Monaten nicht mit John gesprochen hatte. Ich fragte mich, ob dieser Rensing eine günstige Versicherung von mir wollte.

„In Ordnung, schicken Sie ihn bitte herein."

Walter Rensing betrat mein Büro und schaute sich schüchtern um. Er sah gar nicht schlecht aus, aber er hatte eine gebückte Haltung, eine leise Stimme und trug zerknitterte Kleidung. Im großen und ganzen war er das Abbild eines geringen Selbstwertgefühls.

Ich stand auf und reichte ihm die Hand. ,,Ich freue mich, Sie kennenzulernen. Sie kennen John Deltone?"

Walter Rensings Händedruck war so schlaff wie seine ganze Erscheinung. Während des Gesprächs musterte er intensiv die Maserung meines Schreibtischs.

,,Ja, ich habe ihn vor ein paar Tagen auf dem Flughafen kennengelernt. Wir saßen beide dort für ein paar Stunden fest. Für mich war das schrecklich, denn das bedeutete, daß ich einige Leute anrufen und Termine verlegen mußte."

,,Was ist denn daran so schlimm?"

,,Ja, sehen Sie, ich habe Angst vor dem Telefon, deshalb bin ich hier. John Deltone hat mir erzählt, Sie wüßten ein paar Geheimnisse, wie man es anstellt, besser mit dem Telefon umzugehen. Er ging anscheinend davon aus, daß Sie mir gerne dabei helfen würden."

Der alte Fuchs! Ich drehte mich um und schaute aus dem Fenster, damit Walter Rensing mein Grinsen nicht mißverstand. Er sollte nicht denken, daß ich ihn auslachte. Nachdem ich mich ihm wieder zugewandt hatte, griff ich in das oberste Schubfach meines Schreibtischs und zog eine Zusammenfassung meiner Notizen über die Kunst des Telefonierens hervor. Ich überreichte sie Walter und sagte: ,,Geheimnisse? Nun ja, ich gebe zu, ich kenne einige."

Zwölf Regeln für das perfekte Telefonieren

1. Vergessen Sie nie, daß Sie mit dem Telefon ein magisches Werkzeug in den Händen halten. Sie können auf der Stelle mit praktisch jedem Menschen sprechen – das Tor zur Welt steht Ihnen offen.

2. Hören Sie Ihrem Telefonpartner aktiv und aufmerksam zu. Auch Sie möchten schließlich, daß andere Ihnen zuhören.

3. Was Sie sagen, ist bei weitem nicht so wichtig, wie die Art, *wie* Sie es sagen.

4. Stellen Sie eine Beziehung zu Ihrem Gesprächspartner her, indem Sie seine Sprache sprechen. Menschen nehmen die Welt durch Sehen, Hören und Fühlen wahr und drücken sich auch in diesen drei Bereichen aus.

5. Handeln Sie, als hätten Sie für jedes Telefongespräch unbegrenzt Zeit.

6. Die Gefühle und die Weltanschauung Ihres Gesprächspartners sind heilig. Echte Freundlichkeit entsteht aus dem Verständnis, daß es sich subjektiv um Wahrheiten handelt.

7. Erinnern Sie sich daran, richtig zu atmen und sich bewußt zu entspannen.

8. Haben Sie Geduld. Die Aneignung neuer Fähigkeiten – nicht nur am Telefon – hängt davon ab, inwiefern es Ihnen gelingt, Ihrem Unterbewußtsein vorzuspielen, Sie besäßen diese Fähigkeiten schon.

9. Vergessen Sie nicht die LAF-Strategie: Liebe, Angemessenheit und Flexibilität.

10. Entwirren Sie Ihre Gespräche mit Hilfe der klärenden Fragen: wer, was, wo, wann, warum und wie?

11. Gott hat einen gebührenfreien Anschluß, und jeder kann seine Nummer ohne Umweg über die Vermittlung wählen.

12. Das hier vorgestellte Wissen besitzen Sie bereits. Seien Sie natürlich und vertrauen Sie auf sich selbst.

Widmung

Für die Mitarbeiter und freiwilligen Helfer der ,,Family of Woodstock", der ältesten, ständig besetzten telefonischen Krisenberatungsstelle der USA. Sie waren das Vorbild für das Krisentelefon in unserer Geschichte. Ihre Schulungsmethoden und meine Zeit als Mitarbeiter dort haben meine Fähigkeiten am Telefon in unschätzbarer Weise verbessert.

Peter Blum

Für Dr. Ronald Zarro, einen Meister des Telefonierens, der das Telefon beherrscht wie eine Stradivari und mich gelehrt hat, daß Gott einen gebührenfreien Anschluß besitzt. Meinen Eltern, Eugene und Vita, die meine Ansichten unterstützten, selbst wenn sie umstritten waren, und die vor allem am Telefon Kommunikationsexperten sind.

Und für meine Tochter Hope, die noch ein Teenager ist und mir gezeigt hat, daß das Leben mit Leichtigkeit und Eleganz über das Telefon dirigiert werden kann.

Richard A. Zarro

Dank

Dieses Buch konnte nur entstehen, weil uns eine Anzahl von Menschen geholfen hat. Die Autoren möchten mit Dankbarkeit auf die Lehre von Richard Bandler und John Grinder, den Begründern der Neurolinguistischen Programmierung, hinweisen. Wir danken Toni Klück für seine zauberhaften Illustrationen.

Außerdem danken wir für die Hinweise und Unterstützung, die wir beim Schreiben dieses Buches von Amy Blum, Henry Blum, Merrily Blum, Martha Frankel, Mikhail Horowitz, Jill Kavner, Cathy Lewis, Carol MacDonald, Michael Perkins, Sue Pilla, George und Susan Quasha, Scott Siegal, Andrea Stern, Lama Tharchin, Artie Traum, Bardor Tulku Rinpoche, Joan Walker und Marilyn Wright erhielten.

Informationen zur Aus- und Weiterbildung mit NLP

Falls Sie Fragen an die Autoren haben, wenden Sie sich an:

Richard A. Zarro, Peter Blum,
Futureshaping Technologies, Inc.
P.O. Box 489, Woodstock, New York 12948
Tel.: 0 01/914/6 79 76 55

NLP-Transfer-Seminare: Telefonmarketing, Verkaufstraining, Selbst-Coaching, Kommunikationstraining, Führungsseminare, Teamentwicklung:

Dipl.-Psych. Josef Weiß
Eisenbahnstraße 34, 82110 Germering
Tel.: 0 89/8 40 41 42

Konfliktmanagement, Supervision, prozeßorientiertes Führen und Beraten sowie andere Spezialseminare:

Dipl.-Psych. Thies Stahl
Eulenstraße 70, 22763 Hamburg
Tel.: 0 40/3 90 55 88

Deutsche Gesellschaft für NLP,
Communication & Coaching mbH
Am Falder 4, Haus Elbroich, 40589 Düsseldorf
Tel.: 02 11/7 57 07 57

Zusätzliche NLP-Literatur bei:

NLP-Buchversand Jörg Erdmann
Hans-Humpert-Straße 3 a, 33102 Paderborn
Tel.: 0 52 51/3 59 69